JN133606

二〇一八年度版
全国のあいつぐ差別事件

部落解放・人権政策確立要求中央実行委員会　編・発行

発刊にあたって

二〇一六年一二月九日に、「現在もなお部落差別が存在する」ことを公的に認め、「部落差別の解消を推進」し、「部落差別のない社会を実現する」ことを明記した「部落差別の解消の推進に関する法律」（部落差別解消推進法）が、参議院本会議で可決、成立し、一二月一六日公布され、即日施行されました。二〇一六年五月二四日には、衆議院本会議で「ヘイトスピーチ解消法」が可決・成立し、六月三日に施行されました。

しかし、鳥取ループ・示現舎による「全国部落調査」復刻版出版事件をはじめ、悪質な身元調査や戸籍の不正取得、土地差別調査、インターネットでの差別情報の氾濫、民族排外主義を扇動するヘイトスピーチなど悪質な差別事件が頻発しています。さらに興味本位に出自を暴く悪質なマスコミの体質や、報道機関への協力として寺院所有の「過去帳」を開示する問題など、今までの部落問題の解決にむけた取り組みの形骸化が危惧される事件が多発しています。

それゆえ、個々の人権侵害や差別事象について的確な分析を行うとともに、「障害者差別解消法」や「ヘイトスピーチ解消法」など、他の個別人権課題の取り組みとも協働し、包括的な差別禁止法の制定や国内人権機関の創設にむけた幅広い運動をいっそう強めていくことが求められています。そのための一助として、二〇一七年度に各地で発生もしくは報告された差別事件のなかから、事実関係が比較的明瞭かつ典型的と思われる事例を紹介、分析した本書をぜひともご活用いただき、残念ながら氷山の一角といえるこれら差別事件の現実に学んでいただくことを願ってやみません。

二〇一八年一一月

部落解放・人権政策確立要求中央実行委員会
会長　中西啓寶

目　次

全国のあいつぐ差別事件の特徴・傾向・背景・課題と部落差別解消推進法及び重要事件に関する解説と分析

はじめに

本年は昨年まで執筆されてきた「全国のあいつぐ差別事件の概要」ではなく、近年の差別事件の特徴と傾向及び背景と課題について執筆するとともに、二〇一六年一二月一六日に施行された「部落差別の解消の推進に関する法律」（以下「推進法」という）と差別事件の関連についても、推進法活用と具体化の視点で簡潔に解説する。また歴史的な「全国部落調査」復刻版出版差止め裁判と関連した画期的な横浜地裁相模原支部の異議審決定の内容と論点及び意義を解説する。この裁判は、「部落地名総鑑」差別事件に匹敵する歴史上最も重大な部落差別事件を民事裁判として裁くものであり、今日の電子空間上の差別事件の象徴的な事件である。これまでの「概説」は掲載している差別事件報道等の資料を参照していただくことで理解していただきたい。

1、今日の差別事件の特徴と傾向及び背景と課題

はじめに・事件や相談は時代を映す鏡

一つの差別事件は多くのことを物語る。事件を通じて歴史は変わるといわれるように多くの事件や相談は時代を映す鏡である。一つの差別事件が途方もなく大きな背景を持つこともあり、一つの事件が世の中を大きく変えることもある。多くの差別事件は国際社会と結びついていることも少なくない。一つの差別事件が国際人権諸条約と関連し、国際機関の機能と結びついていることすら存在する。一つの差別事件から社会の矛盾や問題点を発見し、差別社会を変革することが求められている。そうした視点に立って今日の差別事件の特徴の一部を分析していきたい。

(1) 電子空間上の差別事件の特徴・傾向

差別扇動を含む過激な内容に

具体的な部落差別事件を分析する前提は、正確な「事実認定」である。その事実の中にある差別性や問題点を明らかにし、事件の背景・原因を分析し、それらの背景を克服する課題と具体的政策や方針を立案しなければ、差別事件を克服することはできない。

本項目では簡潔に今日の差別事件の特徴と傾向を述べておきたい。今日の差別事件を五W一H（内容、関係、時間、場所、目的、態様）の視点で述べれば、「内容」は旧来から発生・発覚している差別事件を踏襲しているものに加えて、圧倒的多くは差別扇動を含む過激な内容のものに変化してきている。

また「関係」という視点では、加害者・被害者の関係が希薄なものが多く、直接的な利害関係が存在しない者による差別行為が多発している。それは「場所」という視点と密接に関わっている。今日の差別事件のほとんどは電子空間上で発生・発覚しており、電子空間の特徴をそのまま引き継いでいる差別事件が多発しているという傾向が明確である。

その意味で電子空間上の差別事件を分析することが、今日の差別事件を分析することと同義であるといえる。まさに電子空間上の差別事件の多発が、「時」、「動機・目的」、「方法・態様」という視点で捉えても差別事件の概念を大きく変えている。

まず差別行為者に関する特徴では、行為者不明の事件が多く、闇から執拗に攻撃をしてくる事件がネット上でも多発している。過去の多くの差別投書・ハガキ・落書・電話事件等も、極めて執拗で悪質なものであり、長期間犯人不明の事件が多かったが、ネット上の事件は、それらの事件をはるかに凌駕する内容と件数である。

ネット上の差別事件の爆発的増加

ネット上の差別事件が爆発的に増加している傾向とネット上の極めて悪質な事件の分析からいえることは、差別行為者が持つ差別意識とその意識を実際の差別行為に走らせるまでのハードルが極めて低くなっている傾向が顕著である。

ネットが普及するまでの差別事件は、差別意識とそれを表出させるエネルギーが相当な量に達するまで実行行為に移らなかったが、ネット社会では差別意識を表出させる小さなエネルギーでも実行行為に移行するようになった。それは匿名性を高める手段としてネット社会は都合がよく、そのことによって犯人不明の差別事件が増加するという傾向が進んでいるからである。これらの犯人は匿名性の保障がなければ自身の差別行為の発覚を恐れて多くの場合、実行行為に及ばなかった。それがネット環境では容易に差別行為に及ぶ。情報化の進展が差別意識や差別事件を増幅させているといえる。

またネット上に書き込まれている多くの差別的内容の記述は、差別記述に対する多くの人々の抵抗感を弱めるとともに、それらを差別だと認識できないデジタル市民を増加させている。

差別意識がネット空間で強化、増幅されている

以上の傾向がネット社会の進化とともにより顕著になっている。それは近年のネット社会の特徴と密接に関わっている。SNS（ソーシャル・ネットワークキング・サービス）の普及によって、コミュニケーションの在り方も変化してきている。一般のコミュニティとは異なるソーシャルネットワークの中で、差別意識や思想が過剰になり、増幅されている現実が深化している。

インターネットが生み出したプラットフォーム（場）によって、コミュニケーションの在り方が変化してきているのである。そのキーワードは「ホモフィリー」と「エコーチェンバー」である。ホモフィリー（同類性）とは、人は同じような属性を持つ人と群れるという考えをベースに、個人を同類の他者と結びつけることを重視するソーシャルネットワークの基盤的な考え方である。エコーチェンバー（反響室）とは、考え方や価値観の似た者同士で交流し、共感し合うことにより、特定の意見や思想、価値観が、拡大・増幅・強化されて影響力をもつ現象である。差別思想がより攻撃的、扇動的になる現象である。

例えばフェイスブックは同類のグループにネット上の枠組みを提供する。そうしたネットワークが構築されれば、その中で受け取った情報やメンバーが形成する態度、経験の相互作用によって大きな影響を与える。つまり差別意識や差別情報、差別的な経験が、同質性に基づく閉鎖的なシステムの内部で、反復的にコミュニケーションされると強化、増幅、拡大されるという現象である。それが響き合うようにさらに増幅される作用がエコーチェンバーである。

AI（人工知能）も悪用されるネット環境

こうして増幅されたコミュニケーションやメッセージは同類の人々の心理や意識に大きな影響を与える。それは紛れもなく差別情報の内容がフェイク情報であっても、真実として受け止められるような意識や情報受容体質を生み出していく。

今や偏見・差別を扇動するフェイク情報をAI（人工知能）が書き、そのフェイク情報をAIがツイッターのアカウントを大量に入手し、自動で瞬時に広めることも容易にできる。さらに特定の差別助長キーワードに基づいて多くの投稿をコピーし自動で拡散していくことも可能である。

これらの情報がネットリテラシーのない多くの人々に影響を与え、差別や偏見を助長している現実が存在している。

ツイッターには差別や人権侵害、ヘイトスピーチ、暴力、誹謗・中傷、フェイクニュースに関わる情報が山積している。最近になってツイッターもそれらのアカウントを凍結する方向に動いているが、日本国内では総務省の最新調査で明らかになっているように一〇代、二〇代のツイッター利用率は六〇％前後という高さになっている。まさに日々、差別助長教育が電子空間上で行われていると言っても過言ではない。今一度、部落差別解消推進法第一条の「情報化の進展に伴って部落差別に関する状況の変化が生じている」と明記されている点を重く受け止め、差別撤廃・人権確立を推進する私たちの取り組みも根本的に強化する必要があるといえる。

SNSの登場とともにより一層加速

こうしたSNSが持つ作用によって、差別事件の内容がより過激になり、差別扇動的な内容になるだけではなく、これまでは差別事件を起こすような人ではなかった人々までもが容易に差別行為者になり、今日の差別事件をより深刻なものにしている。

さらに以上のような傾向は、無数の差別事件を生み出し、ネット社会そのものがホモフィリーとエコーチェンバーの作用によって、ネット上で差別事件を日々発生させているといっても過言ではない社会的状況を生み出している。

差別意識が最も活性化するのは、優越意識と被害者意識が重なったときである。一般的に差別意識が伝播する場合、うわさ、デマ、流言などが重要な役割を果たしてきたが、特に社会的な偏見や差別意識に迎合する形で強調・歪曲された情報は、正確でない情報でも容易に真実だと受け止められる。被差別部落に対する偏見や差別意識があるもとでは差別的な情報の方が抵抗なく伝播しやすいといった現象である。偏見に合致した部分的な情報やフェイク情報だけが流されることによって、差別が助長されることになっているのである。それらがＳＮＳの登場とともにより一層拡大・加速し、若者をはじめとする多くの人々に大きな悪影響を与えている。

差別意識が強化されるときのパターンの一つにフェイク情報に基づく被差別者の「悪人」をデッチ上げあげ、反論しにくい雰囲気を作り上げた上で、攻撃するというものがある。こうしたことが一部のソーシャルネットワークの中で繰り返されている。かつての「うわさ」、「デマ」、「流言」がそうしたソーシャルネットワークの中を駆け巡っているのである。これらの社会的風潮や傾向も差別事件の大きな背景となっている。

事件として発覚していない膨大な差別事件

今日の差別事件の収集・分析は、ネット上の膨大な差別文書や差別記述からみれば、極めて限られた内容のものを分析しているにすぎない。「同和」とキーワード検索をかければ限りなく差別文書や差別フェイク情報に遭遇する。これらの現実を克服するような社会的・技術的・教育的なシステムが構築されなければ、一連の発覚している差別事件や事件として取り上げられていない膨大な差別事件を克服することはできない。それらの構築の一助となればという考えの下、「全国部落調査」復刻版出版差止め裁判と関連した画期的な横浜地裁相模原支部の異議審決定の内容と意義を差別事件の分析とも関連して後に掲載した。

電子空間上の差別事件といっても、これまでの差別事件と同様にネットに書き込んでいる現実空間の差別行為者が存在しており、紛れもなく現実空間の事件である。差別行為者の視点から見れば差別投書等の場所が変化しただけだと捉えられないこともない。

但し現実空間にいる差別行為者が現実空間のトイレや壁、ポスター等に落書きをする行為とネット上での書き込みとでは、先に指摘したように大きく異なる。ネットを通じて世界中の人々が自由に閲覧できるようになっている環境は、現実空間の差別落書等とは全く異なる環境である。行為者にとっては差別行為は旧来と同じであり、変わったのは手書きからキーボード等に変わっただけであるが、その社会的影響は全く異なる。

質的に異なるネット環境を悪用した差別事件

ネット上の差別事件は、情報環境が世界を変えたように電子空間上の差別事件が差別事件の様相を変えるような状況になっている。

人権問題は社会の進歩、科学技術の進歩とともに、より高度で複雑で重大な問題になっていくといわれる。それらのより高度で複雑で重大な人権問題や差別事件に対応していく必要性が、先に紹介したように今日の差別事件の特徴からも指摘できる。

インターネット上の多種・多様な差別事件は、四半世紀前には考えられなかった質的に異なる差別事件である。このような様相も質的にも異なる差別事件に的確に対応するシステムが求められているのである。

インターネットの特色は、時間的・地理的制約がないこと、不特定多数の人が対象であること、匿名で証跡が残りにくいことである。また、情報発信や複製・再利用が容易であり、場所が不要であること等である。こうした特性を縦横に利用したインターネット環境下の差別事件に対しては、現実空間を前提としたこれまでの取り組み方では極めて不十分であり、これらの特性をふまえた新たな取り組み方が求められているのである。

(2) 電子空間上の差別事件の差別性・問題点

差別撤廃に最も重大な悪影響を与える

以上の特徴・傾向をふまえた電子空間上の膨大な差別事件の第一の差別性・問題点は、これまでの差別事件の中でも差別撤廃に最も重大な影響を与えるという点である。この種の事件は差別落書きや差別発言と異なって、その後の差別行為の手段として被差別部落のリストが利用されることにあり、全国の地名が掲載されていることによって、全国各地の差別事件や差別身元調査を誘発・助長することになるという差別性を持つ。差別の手段が広まることによって、安易に差別が助長されるとともに、ネットにアクセスできる不特定多数の一般市民が「地名総鑑」を所持することになり部落差別調査が簡単にできるようになる。

第二に差別意識を活性化させ差別扇動性を持つ問題点である。全国各地の被差別部落の地名を暴露することを通じて、差別攻撃のターゲットを示すことになり、この地域が差別すべき地域であることを鮮明にして、多くの人々の差別意識を活性化し、かき立てるという扇動性を持つ。

また、部落差別を全く知らない市民にまで差別意識を植え付けることになる。

差別を助長するネット上の差別事件

第三に電子空間上の差別事件を助長する問題点である。近年の電子空間上の増加・悪質化する差別事件が、電子空間上の差別記述に対する一種の「慣れ」といった感覚を生み出し、差別に対する麻痺状態ともいえる状況を作り出している。その帰結が差別記述の増加につながっている。さらに先述したように電子空間上の差別事件を一層助長するという差別スパイラルとも呼ぶべき悪循環を加速させているのである。

第四に差別行為者つまりネット上に被差別部落の地名リストを公開した人物は特定できても、それらに差別的書き込みを重ねている人物を特定するのが非常に難しいという問題点である。先に指摘した匿名性の問題が、事件の真相究明、事件解決、再発防止を困難にしているのである。書籍の形態であったこれまでの第一から第十までの「部落地名総鑑」は、原則として経済的利益を得る手段として作成されており、その売買という接点を通じて作成販売者や購入者の特定につながった。しかし電子版「全国部落調査」差別事件で書き込みを続けている犯人は経済的利害のためだけでなく、差別思想に基づく愉快犯的な様相を持っており犯人を特定するのが極めて困難である。ＩＴ技術の一定の知識があれば匿名性を確保するのは容易である。

多くの事件は関係者特定も困難

第五に第四とも関わって、書き込みを続けている犯人だけではなく、ネット上からダウンロードした人物を特定するのも困難をともなうという問題点がある。これまでの差別事件では、例えば差別発言を聞いた人や差別落書きを発見した人がそれに同調したり、その差別に荷担しない限り差別行為者とは原則として見なしてこなかった。しかしネット上の被差別部落リストの場合、それをダウンロードすれば「地名総鑑」を入手したことになり、重大な差別行為につながる。これらの人たちを特定することも事件を克服する上で非常に重要なことであるが、それが十分にできないという問題点を持つ。さらに一度ダウンロードされた被差別部落リストは、ほぼ回収困難であり取り返しのつかない事態に結びつく。

第六に極めて重大な差別事件でありながら予防が困難であるという問題点とともに再発する危険が極めて高い問題

点を持つ。インターネットの特徴を最大限悪用したネット上の差別事件は、一部を除いて十分な対抗措置や法的措置も取れないまま事実上放置されている状態なのである。一定の取り組みを展開している公的機関や民間機関が存在するが、「焼け石に水」状態だといっても過言ではない。

(3) 電子空間上の差別事件の背景と課題

根強い差別意識が基盤的な背景

以上のような差別性・問題点を持つ電子空間上の差別事件を克服するためには、その背景を明確にし、それらの背景を取り除いていく粘り強い取り組みが求められる。

事件背景の第一は、未だに根強い差別意識の存在であり、被差別部落への忌避意識である。データは少し古いが、差別意識は同和行政に関わる「特別法」があった二〇〇〇年までの大阪府による人権問題に関する府民意識調査では、実施の度に改善されていた。この調査は五年毎に行われており、少しずつではあるが差別意識撤廃の方向に進んでいたのである。しかし二〇〇〇年から〇五年の変化は改善とは逆に悪化している側面があることが明らかになっている。これは二〇一五年に大阪市内で行われた電話調査でも同様の傾向があったと指摘できる。

「地名総鑑」と密接に関わる結婚に関する調査結果では、「自分の結婚相手を考えるとき、あるいは、自分の子どもの結婚相手を考えるとき、人柄以外で、あなたは何が気になりますか」という質問に関して「「相手が同和地区出身かどうか」気になる（気になった）」と回答した人が「自分の結婚相手を考える場合」で二〇〇〇年が一八・一％、〇五年が二〇・二％、「自分の子どもの結婚相手を考える場合」で二〇〇〇年が二〇・六％、〇五年が二三・二％となっており、両方とも増加している。合計して三八・七％から四三・四％と約五ポイント増加し結婚に関わる忌避意識は確実に悪化している。

こうした逆転傾向が明らかになったのは意識調査を始めて以来のことである。これらの原因には「特別法」失効や格差拡大社会の影響、以下に紹介するネット社会の深化等が考えられる。いずれにしてもこれらの差別意識が事件の大きなバックボーンを形成している。

背景にネット上の差別放置状態

第二に一部の者たちによって行なわれている「同和バッシング」ともいわれるような影響も少なからず受けている

と考えられる。部落解放運動や同和行政に関する真摯な批判・言論はあってしかるべきであるが、最近それらの批判・言論と混然一体となった差別発言が横行することによって差別意識が安易に差別行為になっている現状がある。先に指摘したように差別意識から差別行為にいたるハードルが極めて低くなっているのである。こうした社会的風潮が事件の背景を形成しネット上の差別書き込みを助長している。

第三は電子空間上における事実上の差別放置状態が事件の背景を形成している。ネット上では「表現の自由」という名のもとに「差別の自由」が横行している。責任が全くないと思われるような振る舞いをするネット上の書き込みが拡大し、差別書き込みが社会的に認知されていくような傾向を持ちつつある。そうしたネットを取り巻く環境が流出事件の原因でもある。

法的・教育的システムの不十分さが原因

第四に以上のような環境を放置している国をはじめとする行政機関の取り組みの弱さや怠慢である。インターネットに関わる問題は一国だけで解決できる問題でないことは理解できるが、本来できる予防・発見・救済・支援・規制等の立法措置も教育・啓発措置も甚だ不十分である。これらの法的未整備、教育システムや技術的な未整備が事件の重要な背景になっている。

ネット環境はメディアと同様に不特定多数の人々へ情報発信ができる。近年の一般事件で明らかになったように人を殺すことも自殺に追い込むこともできる手段になっている。無免許で車という凶器を運転しているかのようなネット環境は表現の自由を堅持しつつも一定のルールが必要といえる。

第五に今日においてもネット上に公開された「全国部落調査」や「部落地名総鑑」が利用されているという状況が存在しており、結婚時の部落差別調査が極秘裏に行われている現実が存在し、それらの差別調査を可能とする戸籍法をはじめとする社会システムが現存しているのである。

以上の背景を克服しない限り電子空間上の差別事件も旧来から続いている差別事件も後を絶たない。

(4) ネット上以外の旧来からの差別事件の傾向と背景

選挙公報に堂々と差別記述を掲載

一方で先に指摘したように旧来からの差別事件も発生している。それ以上に公職選挙法に基づく選挙公報に堂々と差別記述を掲載する事件まで発生している。

ネット上の差別事件以外でも、近年における差別事件の特徴としてあげられる代表に戸籍不正入手事件等がある。従来からある事件であるが、時代が進み差別撤廃が進展したといわれる反面、旧来の差別事件と同じ構図を引きずっているのも最近の差別事件の特徴である。

この間の取り組みによって差別意識の克服に向け前進している部分と旧来の意識を根強く温存している部分が並存している状況にある。時代の前進とともに根強い差別意識の部分が減少しているとはいえ、今なお根強い差別意識をもち続けている人々の意識はほとんど変化していない。

忌避・排除といった差別事件も後を絶たない

その顕著な事例が結婚差別事件や戸籍不正入手事件であり、依然として発生・発覚している差別落書、差別投書、差別電話事件等である。これらの事件は被差別部落出身者や被差別部落を忌避・排除する古くから存在する差別事件である。

旧来と同様の差別事件では、結婚差別事件のように忌避・排除といった動機・目的の差別事件が後を絶たない。戸籍不正入手事件やその先にある結婚差別事件はその典型である。結婚差別、就職差別、土地差別は多くの人々にとって人生の重要な局面での差別である。就職差別は克服に向け大きく前進したが、被差別部落出身者を忌避する典型である結婚差別や被差別部落を避けようとする不動産購入時等の土地差別は依然として根強い。

また、近年の特徴は市場原理至上主義やそこから生じる経済的格差が基盤となって、思想的傾向が差別を助長する方向に向いてきており、それらの思想的な背景を持った確信犯や愉快犯が根強く存在し、攻撃、挑発、煽動等の動機・目的でなされている差別事件が続発している。こうした事件の行為者がネット上での差別扇動を行いながら、同調者を拡大しているという面も存在する。

差別を温存・容認する社会システムが背景に

以上のように旧来から発生・発覚している差別事件の背景も、先に指摘した電子空間上の差別事件の背景と重なる。

第一に根強い差別意識が依然として存続している点をあげることができる。これらの偏見に基づく差別意識は、社会システムと密接に関わっており、今日のような社会システムでは差別意識の再生産は容易になされる。

第二に格差拡大の経済情勢が大きな背景を形成している。

貧富の格差は多くの統計数字からも明らかであり、こうした社会経済情勢が差別事件の大きなバックボーンを形成している。

第三に以上のような社会経済情勢のもと平等思想とは逆に差別の強化につながるような思想が社会的に大きな影響力を持ち始めている。それらの思想にプラスして、ヘイトスピーチが多発するような今日の社会的風潮が扇動的な差別事件の背景になっている。

第四に差別を温存・容認するような社会システム上の問題をあげることができる。ネット上で差別扇動行為が行われても、全国の被差別部落の住所が克明に掲載されても、厳正な法的措置をはじめとする社会的対応ができない社会システム上の背景が極めて重要な背景として存在している。

旧来からの差別事件である戸籍不正入手事件に代表されるように現在の戸籍制度の個人情報保護の観点からみた自己情報コントロール権の未整備をはじめとする多くの制度的な問題が背景になっている。

端的にいえば「部落地名総鑑」から四〇年以上が経た今日においても、「部落地名総鑑」の作成・販売ですら法令違反にならない現実が存在しているのである。「全国部落調査」差別事件はその典型である。このような社会制度上の問題が今日においても差別事件の大きな背景を形成している。

これらの差別事件の特徴や背景をふまえた取り組みが厳正になされない限り旧来からの差別事件も克服することはできない。

特に経済格差拡大による社会的不満の鬱積が弱者や被差別者に向き、差別意識を増幅するネット上の差別情報等が渾然一体となって重なれば、差別意識の爆発的現象が生まれても不思議ではない。

2、部落差別解消推進法と差別事件

(1) はじめに

一昨年（二〇一六年）一二月一六日に施行された「部落差別の解消の推進に関する法律」（以下「推進法」という）と差別事件との関連性について考察しておきたい。

推進法は、その第一条（目的）に「現在もなお部落差別が存在する」ことを明記し、今日においても重要な課題であることを再確認している。本誌で取り上げているように現在においても差別事件は多発している。にもかかわらず部落差別は過去の問題であるといった誤った捉え方が横行し、部落差別撤廃の取り組みを大きく後退させてきた。それらの誤った見解や姿勢を国会において推進法を制定することによって、法律で明確に否定した意義は極めて大きい。部落差別撤廃に取り組む出発点は、部落差別の存在を認めることであり、差別事件や差別意識、差別実態を正確に把握することである。その一環として本『全国のあいつぐ差別事件』が出版されている。

また第一条では「情報化の進展に伴って部落差別に関する状況の変化が生じている」ことを明記し、ネット上の悪質な部落差別事件の現状も明確にふまえている。近年の差別事件の圧倒的多数はネット上で発生している。こうしたことを推進法第一条の現状規定に明記していることは、国会としてもその重大性を認識している証左である。

(2) 差別事件に対応できる相談体制を

さらに推進法は相談体制の充実を図ることを第四条で明記している。第四条は「国は、部落差別に関する相談に的確に応ずるための体制の充実を図るものとする。2 地方公共団体は、国との適切な役割分担を踏まえて、その地域の実情に応じ、部落差別に関する相談に的確に応ずるための体制の充実を図るよう努めるものとする」と謳い、国と地方公共団体に相談体制の充実を求めている。部落差別に関する相談の一定の割合は、差別事件と関連したものであり、差別や人権侵害を受けた被害者からの相談である。

具体的には相談に対応することによって、統計数字には表れない社会の矛盾が明らかになることもあり、実態調査や意識調査の項目や分析視点も提供され、差別に苦しむ人々の苦悩という生の声を把握することができる。つまり差別事件への相談を受ける相談体制には「実態把握機能」をはじめとする様々な役割が求められている。簡潔に述べれば「解決・救済方策提示機能」、「分析・政策提言機能」、「課題設定機能」、「データ集積機能」、「自己実現支援機能」、「情報発信機能」、「立法事実提示機能」などが必要となる。こうした機能と役割が整備されれば部落差別撤廃の取り組みを大きく前進させることができる。

(3) 差別事件を集約・分析できる実態調査体制を

推進法では、差別事件の前提である部落差別意識を撤廃していくための教育・啓発の必要性を第五条で明確に述べている。第五条で「国は、部落差別を解消するため、必要な教育及び啓発を行うものとする。2 地方公共団体は、国との適切な役割分担を踏まえて、その地域の実情に応じ、部落差別を解消するため、必要な教育及び啓発を行うよう努めるものとする」と明記している。そして差別事件の実情を含めた部落差別の実態に係る調査の実施を明確に記している。

部落差別撤廃の取り組みの具体的方針は、部落差別の現実から与えられる。第六条では「国は、部落差別の解消に関する施策の実施に資するため、地方公共団体の協力を得て、部落差別の実態に係る調査を行うものとする」と規定されており、明確に「施策の実施に資するため」との前提条件をつけて、実態調査の実施を求めている。

以上のように推進法をふまえた差別事件の集約・分析・課題設定・課題の具体化が求められているのである。すなわち部落差別に関する実態、意識、事件に関する総合的な調査と分析が必要だということである。そのために本誌が活用されなければならない。

(4) 差別事件を防ぐためにも推進法の普及・啓発を

推進法のような法規範ができたことは、それだけでも大きな啓発効果をもつ。法規範は最も強い社会規範であり、その公布・施行そのものが人々の意識に大きな影響を与える。「社会規範」と人々の「差別意識」や「人権感覚」は密接に結びついている。「男女雇用機会均等法」やその後の改正均等法が制定されたことによって、多くの人々の女性差別への意識・感覚は大きく変わった。「あなたの行為は法律に違反している」といえば態度が変わり、意識も徐々に変化してきた。まさに国際法学者のオスカー・シャクターが、「法は人の行為を変え、行為は人の態度を変える。さらに心を変える」と述べたように法制定の啓発効果はきわめて大きい。

さらに「法的社会規範」は、「人」と「人」との「関係」を着実に変えていく。「差別・被差別の関係」から「平等な関係」に変革することができれば、差別は撤廃される。これらの「関係」に密接にかかわっているのが、あらゆる分野、あらゆる層の社会システムである。そのシステムが理念的であっても法で示された意義は極めて重要であり、差別事件を抑止する上で大きな力を持つ。

(5) 情報化の進展に伴う課題解決は焦眉の問題

本誌で紹介した今日の差別事件の多くは電子空間上の事件である。その意味で本稿もネット上の差別事件の分析が中心的な課題になる。

現代社会は、ＩＴ技術と電子空間なくして考えられない社会になっている。電子空間と現実空間を日常的に行き来する社会が、今日の私たちの社会なのである。こうした社会は私たちに何をもたらし、差別問題、人権問題にどのような影響を与えるのか。極めて重要なテーマであり、焦眉の急を要する課題でもある。多くの人々はネット上の数々の問題について重要な認識を持っている。電子空間上の差別事件や人権侵害に対して決定的な対処法がないという状態が続いている。社会的、法的、教育的なシステムは十分整備されていない。

情報技術も驚くべき進化を遂げ、電子の目耳などのセンサーも爆発的に増加している。そうした技術が新たな形態の差別事象を発生させている。それが差別意識を増幅させてきたことも現実である。しかし私たちは電子空間もそれを悪用する差別扇動者も十分に制御できていない。このような現状をふまえた取り組みがあらゆる分野、あらゆるレベルで求められている。それらの取り組みを全国各地の地方自治体や国が整備する必要性を今日の差別事件は示している。

(6) 電子空間差別事件対策本部の設置を

先駆的な地方自治体では取り組みが始まっているが、十分な成果を上げることができていない。全ての都道府県や市町村に行政機関でも民間でも、あるいは合同でも「〇〇県（市・町・村）電子空間差別・人権侵害事件対策本部」のようなものが設置されることが望まれている。電子空間上の問題はそれだけ重要な事柄であることを認識すべきである。それらの対策本部でネット上の差別事件や人権侵害事案の現実を把握し、事象の差別性や問題点、背景・原因、克服すべき課題と具体的方針・政策を明確にして取り組んでいく必要がある。そうした取り組みを推進しなければネット上の差別事件は克服されない。そのためには差別禁止法等が求められているといえる。

一九七五年の「部落地名総鑑」差別事件が発覚したときは、多くの地方自治体でも法務省でも同様の対策本部が設置された。推進法が、あえて「情報化の進展に伴って」という規定を法律全体の要約ともいえる第一条に入れたことを十分にふまえるべきである。そうした取り組みを展開しないかぎり、今日の差別事件を克服することはできず、部落差別撤廃も前進しない。

(7) 潜在的な人権侵害は膨大な量がある

また潜在的な差別事件や人権侵害事案が多数存在してい

ることも十分にふまえる必要がある。本誌で取り上げた差別事件はその極一部であることも忘れてはならない。実効的な相談・救済機関ができれば持ち込まれる差別事件や人権侵害事案は飛躍的に増加する。信頼できる実効的な人権相談システムが構築されれば差別事件や人権相談件数は飛躍的に増加する。

潜在的な差別事件や人権侵害は膨大な量があり、確かな人権相談・救済機関と明確な基準があれば、それらの潜在的な差別事件や人権侵害事案が人権相談・救済機関に持ち込まれる。今日の差別事件の傾向と特徴をふまえれば、ネット上の差別事件に的確に対応できる相談体制、教育・啓発、実態把握を十分に行うことができる社会システムの構築が急がれる。そうした社会システムが構築されれば、人々の意識や感覚に大きな影響を与えるだけでなく、差別事件の克服や差別撤廃政策にも好影響を及ぼす。

(8) ネット上の差別情報に対抗できる教育・啓発を

推進法で示されたことを具体化し、差別事件を克服するためには、「部落差別を解消するために必要な教育及び啓発」の概念を明確にする必要がある。

また部落差別実態や差別意識、差別事件の現状を正確に把握することも教育・啓発の前提として重要な課題であることを指摘しておきたい。繰り返し述べているように電子空間などのネット上には差別事件や差別扇動が横行しており、それらも含めた部落差別の現実を正確に把握する必要がある。それだけではない。ネット上の部落問題に関する情報は、多く点で誤っており、偏見を助長する内容になっている。これらの情報に接した人々の中には誤った認識のまま他の人々に拡散し続けている者もいる。

換言すればネット上の情報は、部落差別助長教育を日々行っているといっても過言ではなく、特に若者はこれらの情報にさらされている。これらに対抗できる部落差別撤廃教育の推進やネットリテラシー教育が焦眉の課題になっている。以下に紹介する教育・啓発の課題もネット上の差別状況をふまえて推進しなければならない。

(9) 予防・発見・救済・支援・解決できる教育を

またこれまでの同和教育は、古くからの人権標語である「差別をしない、させない、許さない」という観点でいえば、「差別をしない」という点を中心に行われてきた。この視点だけでは「加害者になってはいけない」という一面だけを持つことになり、部落差別撤廃教育の概念が狭くとらえられる。

　つまり部落差別を「させない」ための教育や「許さない」ための教育が軽視される。差別事件や人権侵害事案を解決・支援・救済できる人権教育であれば、もっと興味深く意欲的に学べる。そうした視点でネット上の差別状況もふまえた教育を構築する必要がある。「差別をしない」教育から「差別をさせない、許さない」教育、「人権侵害を予防・発見・救済・支援・解決できる」教育が求められているのである。人権教育や部落差別撤廃教育の目的は、すべての人の人権が尊重され、自己実現ができるような社会を創造し、それらを担う人々を育てるためである。そのためには現実の人権課題が教育・啓発の原点でなければならない。ネット上の差別事件に関しては、十分な成果を上げておらず、ネット上の差別事件や人権侵害事案を予防し、発見し、支援、救済、解決することができる人々を養成することも部落差別撤廃教育の重要な課題であり、差別事件の克服にとってもなくてはならない。

⑽ 推進法を活用して差別事件の克服を

　推進法は部落差別撤廃のために十分な法律ではない。しかし推進法は部落差別撤廃にとって極めて重要な法律である。

　社会のシステムや規範と私たちの「差別意識」や「人権感覚」及び「差別基準」は一体だということを再確認する必要がある。また社会システムと人と人との「関係」も一体であることを正しく把握する必要がある。人と人との関係を「差別・被差別」の関係から「平等」な関係に変革することが差別撤廃の一側面である。その人と人との関係を変革するのに大きな役割を担っているのが、社会システムや社会的規範としての法制度である。その法制度が不十分ながら部落差別撤廃の分野で制定された。その意義は差別事件を克服するためにも再認識する必要がある。

　人々の差別意識や人権感覚に積極的な影響を与えるのは、同和教育や人権教育・啓発である。またそれ以上に大きな影響を与えるのは、関係を変革するときと同じように社会システムや社会的規範としての法である。それでも部落差別撤廃の分野で推進法が公布・施行されたことを多くの人々が知らなければ、積極的な影響を与えることはできない。種々のシステムや制度、道具も活用されなければ、社会や人々の役に立たない。今日、推進法が十分に活用されているとは言い難い。

⑾ 男女雇用機会均等法の歴史に学べ

上記のことを「男女雇用機会均等法」（以下「均等法」という）から学ぶ必要がある。均等法という社会システムは、一九八六年四月一日に施行された。そのシステムができたことによって、職場における男性と女性、女性と事業主の関係は徐々に変わってきた。同時に、男女差別に対する意識・感覚も大きく変わった。また変わったシステムによって、男女差別の基準も徐々に変化してきた。さらに進化した基準によって、多くの男性や女性、ＬＧＢＴの人々への意識・感覚も変化した。

改善された意識・感覚は、それまでの均等法システムでは不十分だという認識を深め、改正均等法を成立させる大きなパワーになった。事業主のセクシャル・ハラスメントを防止するための配慮義務も改正時に加えられた。そうしたシステムが新たに加えられたことによって、職場における男性と女性の関係、女性と事業主の関係も大きく変化した。そして、それらのシステムが成立したことによって、男女差別に対する意識・感覚はさらに変わり、基準も変化した。変わった基準がさらに意識・感覚をより良い方向に変化させ、それらが大きなパワーになって、新改正均等法が二〇〇七年四月一日に施行された。そして「間接差別」も女性差別という基準に進化することになった。こうした最初の均等法からの改正経過をみれば、推進法というシステムができたことによって、部落差別撤廃を大きく前進させることができ、差別事件の克服にも大きな力になるといえる。

⑿ 活用しなければ推進法は役立たない

しかしそのためには均等法施行以降の取り組みのような力強い法具体化のための実践と国や地方公共団体等における明確な担当組織の設置が求められる。全国各地や国レベルの現状はそうした状況とは大きくかけ離れている。こうした現状を厳正に分析し、推進法具体化のための取り組みが強く求められている。

法が施行されれば自動的に法が実現されるわけではない。それは日本国憲法も同様である。だからこそ憲法第十二条に「この憲法が国民に保障する自由及び権利は、国民の不断の努力によって、これを保持しなければならない」と明記したのである。

推進法の条文の中には、男女雇用機会均等法のようにより良い法改正につなげていくことができる萌芽があるといえる。その芽をいかに成長させるかが問われているのである。推進法にある条文が確実に具体化されれば、その芽は確実に成長し、推進法の不十分さが克服され、均等法のように改正推進法につながっていくといえる。そのためにも推進法の正確な理解と具体化のための方針をふまえて積極的に活用しなければ推進法の不十分さも明らかにならない。

推進法の条文を厳正に具体化できれば、部落差別を撤廃するための方針の前提である部落差別の状況と原因が間違いなく明らかになる。それは部落差別を撤廃するための正しい方針を確立することだけではなく、推進法の不十分さを明確にし、新たな法制度等の必要性を示す立法事実にもなる。その中心の一つが差別事件の集約と分析及び課題設定なのである。

3、「全国部落調査」復刻版出版差止め裁判と関連した横浜地裁相模原支部の異議審決定の内容と意義

電子空間の事件が膨大で悪質なものに

二〇一七年七月十一日、横浜地方裁判所相模原支部で重要な決定がなされた。「全国部落調査」やその一覧表のインターネット上への公開行為に係る一連の裁判に関わる裁判所「決定」である。

本「決定」は今後の「全国部落調査」裁判や部落解放運動に多大な影響を与える。近年、サイバー上の部落差別事件が膨大な量になり極めて悪質なものになっている。その最も悪質なものが「全国部落調査」とその一覧表のネット上への公開行為である。これらの差別行為を防ぐことができなければ、部落差別の完全撤廃がさらに遅れることになることは指摘するまでもない。

一九七五年に発覚した「部落地名総鑑」差別事件との決定的な違いは、インターネット上の公開行為によって、いつでもどこでも誰でもネットにアクセスできれば被差別部落の住所・所在地を確認することができるようになったことである。「地名総鑑」は購入した企業等が極秘裏に利用していたものであったことと比較すると全く異なる次元の事件である。ネットにアクセスできるすべての人々が差別の「武器」であるネット公開「全国部落調査」情報にアクセスすることができれば差別状況は間違いなく悪化する。

上記の裁判所「決定」内容を紹介する前に、被差別部落の住所等をネット上に公開することが、どのような問題点を含んでいるのかということを明らかにしておきたい。

アウティングが深刻な問題に直結

まず詩人・丸岡忠雄さんの有名な『ふるさと』という下記の詩と今日の状況は本質的に変わっていない。

〝ふるさと〟をかくすことを
父はけもののような鋭さで覚えた
ふるさとをあばかれ
縊死（いし）した友がいた
ふるさとを告白し
許婚者（いいなずけ）に去られた友がいた
吾子（あこ）よ
お前には
胸張ってふるさとを名のらせたい
瞳をあげ何のためらいもなく
〝これが私のふるさとです〟
と名のらせたい

この詩と同じ思いを抱いている人々は、今日においても少なからずいる。そうした被差別部落出身者からの相談も後を絶たない。被差別部落出身者の身元調査をするための戸籍不正入手事件も根絶できていない。

また多くの差別に悩む被差別部落出身者は、大きな精神的苦痛を感じつつ被差別部落出身であることを告白してきた人々もいた。その中には社会的に影響力ある仕事に就き、活発に活動している人々も多数いる。本人自らのカミングアウトがあっても、部落解放運動は原則として本人の意思を尊重し公表しない。それは自らの意思でカミングアウトするのと他人に勝手に公にされるアウティングとは決定的に異なるからである。ＬＧＢＴ（性的マイノリティー）問題では他人にアウティング（公表）されたことによって深刻な問題も発生している。

ネット公開情報は確実に悪用されている

部落差別が厳然と存在する現在において、部落差別調査を助長する「全国部落調査」のような被差別部落の所在地情報が部落差別意識を根強く持つ人々に利用されることは確実である。実際に「地名総鑑」は多くの調査業者や企業に所持されてきた。現在明らかになっている一〇種類の「地名総鑑」は、一九七五年～二〇〇六年に回収されている。第九と第十の「地名総鑑」回収からまだ一〇年少ししか経過していない。

今日、一九八〇年代の部落差別意識調査結果に比較して改善されてきているとはいえ、未だに根強く結婚時の被差別部落出身者への忌避意識を持つ人々は一定の割合で存在している。それは多くの意識調査が顕著に示している。それだけではない。いつネット上の公開一覧表を見られて「ふるさとをあばかれ」るのかと戦々恐々としている部落解放運動に参加していない被差別部落出身者が多数いることも事実である。

まさに「全国部落調査」やそのネット上への公開行為は、多くの被差別部落出身者の差別されない権利を侵害するものであり、それによって差別意識が再活性化し、自身の出自が暴かれないかを心配しなければならない不安定な精神状態を余儀なくされているのも重大な人権侵害である。

一九八五年三月二〇日に大阪府議会で「大阪府部落差別事象に係る調査等の規制等に関する条例」が制定された。本条例制定で調査業者を対象に「部落地名総鑑」と「部落差別身元調査」を規制することができたことは大きな成果である。本条例は同年一〇月一日に施行されたが、その時から三〇年以上の歳月を経た現代において、本条例の主旨とは逆行する「全国部落調査」がネット上に公開された事態は、明確に条理にも反する。

部落解放運動に参画している人々でも、いくつかの理由で自身の生い立ちを詳しく語ることをしないこともある。その理由の一つは、その人が生い立ちを語ることで、親族をはじめとする周りの人々の人生の一部を語ることにもなってしまい、少なからず迷惑をかけるのではないだろうかと考えるからである。部落解放運動に参加している人の親族の中には被差別部落出身を今も隠している人々がいる。そうした人々からはネット上に公開されている「全国部落調査」を見て、自身の出自が暴かれはしないかと心配している人々もいる。そのような相談者からも「なぜ『部落地名総鑑』差別事件のときは国もその重大な悪質性を指摘して取り組んだにもかかわらず、ネット上では放置されているのか」といった怒りの言葉がはき出されることも少なくない。

「全国部落調査」公開情報はセンシティブ関連情報

二一世紀になった今も被差別部落出身者の多くは、自身の出自を隠すことに戦々恐々としている。職場や転居先で被差別部落出身を「何のためらいもなく」明らかにできる人は決して多くない。先述したように部落解放運動を推進しているリーダーといえども、被差別部落出身を明らかにしていない多くの親族がいる。親は隠しているが子は部落解放運動に参加している人もおり、その逆もある。部落差別を撤廃するために必要であれば大胆に被差別部落出身を明らかにすることもあれば、慎重に状況等を勘案し言葉を選びながら出自を語ることもある。それは他の差別問題でも同様だといえる。まさに自らの意思でカミングアウトするのと勝手にアウティングされるのとは全く異なる。一度カミングアウトしても心境が変化して年月の経過とともにしなくなる人もいる。アウティングはそうした状況を全く考慮せず公表することになる。

例えば被差別部落出身者の男性と親の反対を乗り越えて結婚し、部落解放運動に参加した女性がいる。被差別部落やその町の取り組みではそれを堂々と語っても、遠く離れた実家では、親が結婚後に二人の関係を認めても慎重に自己の立場を語る女性もいる。部落解放運動は、それらのセンシティブ情報に関して、自己情報コントロール権を認めて柔軟に対応してきた。

センシティブ情報とは、機微情報と訳され、経済協力開発機構（ＯＥＣＤ）の個人情報保護ガイドラインでは、情報漏洩によって社会的差別を受けることになる情報と規定されている。

具体的項目に関しては、①思想及び信条に関する事項、②政治的権利の行使に関する事項、③労働者の団体交渉に関する事項、④医療、性に関する事項、⑤犯罪の経歴、⑥人種、民族、社会的身分、門地並びに出生地及び本籍地など社会的差別の原因となる事項と規定している。日本の改正個人情報保護法に基づくセンシティブ情報のガイドラインでも門地、本籍地などの差別につながる情報は必ず含まれている。また要配慮個人情報にも社会的差別に関する情報は含まれている。

少なくとも「全国部落調査」一覧表のネット上への公開内容は、センシティブ情報に結びつくセンシティブ関連情報であるといえる。こうした情報がネット上で公開されれば多くの人々の差別意識は一層拡大し、被差別部落出身者の意識はより一層「萎縮」する。

以上のような状況と視点をふまえ「『全国部落調査』復刻版出版差止め裁判」闘争が行われている。

画期的な横浜地裁相模原支部の異議審決定

以下に本誌でも多くの資料を掲載して紹介している極めて重要な横浜地方裁判所相模原支部「決定」を解説していきたい。

まず本「決定」が出された経緯について説明しておきたい。

本事件では、横浜地裁が二〇一六年に出版禁止の仮処分を決定し、横浜地裁相模原支部がウェブサイトの掲載内容の削除を命じる仮処分を出している。これらの決定は仮処分であり、本事件の裁判は今も続いている。これらの仮処分決定があったにもかかわらず鳥取ループ等がネット上への掲載を止めないために、原告側から二〇一六年四月一九日に東京地裁に「全国部落調査」の公表禁止と損害賠償を求める訴訟を提起した。この裁判に関連して、二〇一六年四月五日に原告の代表を債権者に立てて、損害賠償権の執行を保全するために債務者（鳥取ループ等）の所有する不動産の仮差押えを申立てた。その申立に対して横浜地裁相模原支部が二〇一六年四月八日、債権者（私たち）の訴えを認め仮差押えを決定した。その決定への異議申立て（二〇一六年一二月一九日）を債務者が行ったことに対する横浜地裁相模原支部の二〇一七年七月十一日の決定が本稿で紹介させていただく内容である。もちろん彼らの異議申立を却下し、仮差押えを認可する決定である。原告側にとって高く評価できる勝訴決定である。

要約すれば、鳥取ループ等のネット上への掲載によって、原告側が多面的な損害を受け、損害を賠償させるためにあらかじめ彼らの財産を勝手に処分されないように保全するために行った裁判所決定に対して、彼らの行った異議申立への却下決定である。

しかし本決定内容は、単なる却下決定ではなく、本事件の判決にも積極的な影響を与える内容を含んだものである。つまり彼らが行っている行為が、いかに重大な差別性や違法性等を含んでいるかということを明確に述べた決定内容である。

決定内容は争点を三つ上げ、それらの争点に対して彼らの主張する内容をことごとく否定している。

まず争点1として「債権者が被差別部落出身者であるか否か」について、争点2として「債務者が『同和地区Wiki』ウェブサイト上に本件人物一覧表を掲載し、あるいは同ウェブサイト上の管理者として、同表掲載の責任を負うか否か」について、争点3として「各行為の債権者に対する権利侵害の有無及び損害額の相当性」についてである。それらに対して横浜地裁相模原支部は明確な判断を下している。とりわけ争点2と3は重要な内容を含んでいる。

争点1──被差別部落出身者であるか否か

争点1では、決定で「債務者（鳥取ループ等）は、債権者が被差別部落出身者であることを否認する。」と述べた上で、「しかし、債権者の陳述書によれば、債権者は、まさしく全国部落調査データに記載されている地区の一つの出身であることを述べているし、債権者が部落解放同盟の副委員長を務める者であることは債務者も争っていないところ、債権者が、子供のころから、被差別部落の出身者として嫌な思いをしてきたことがあり、面と向かって同級生から侮辱的発言を受けたことすらあった等と自らの経験を記載し、そのような屈辱的な思いがあって、学生時代から部落解放運動に参加するようになったこと等を記している。その内容は、十分に信用性があるというべきであって、債権者が被差別部落出身者であることについての疎明は尽くされているというべきである。」と原告である債権者の主張を十分に信用性があると認め、彼らのネット上への公開行為によって損害を被る被差別部落出身者として認定している。

彼らの主張は全く理解できないが、彼らの部落差別は現代には存在せず、よって被差別部落出身者も存在しないという誤った見解から導き出された結論と考えれば容易に見当がつく。

この裁判所決定は至極当然のことであるといえるが、重要な内容を含んでいる。今日、一部において部落差別は過去の問題であって、現代には存在しないという誤った見解が根強く存在している。そうした中で部落差別が厳然と存在していること、部落差別を受ける立場にある被差別部落出身者がいることを明確に認めた決定である。すでに立法府である国会が制定した部落差別解消推進法の第一条で「現在もなお部落差別が存在する」と明記されていることを司法においても明確に判示した意義は極めて大きい。部落差別問題に取り組む出発点は、部落差別が存在していることを認めることである。その意味で鳥取ループ等の誤った考え方を明確に否定した決定は今後の裁判に大きな影響を与える。

争点2―ウェブサイト管理者としての責任

争点2では、「債務者は、自らが本件人物一覧表を『同和地区Wiki』ウェブサイト上に掲載したことを否認し（中略）、自らが『同和地区Wiki』の管理者であることも否認している。」とした上で、「しかしながら、債務者は、『同和地区Wiki』のドメインを所有し、自らこれを開設したことは認めている。（中略）少なくとも債務者は、本件人物一覧表等が掲載された『同和地区Wiki』の記事について、これを削除したり、データの掲載停止を行うことが可能な権限を有していることは明らかであって、債務者は『同和地区 Wiki』の管理者であると認められる。」と判示し、「そして債務者が、鳥取ループや示現舎名義のウェブサイト等の中で、同和問題に関する自らの主張を積極的にインターネット発信することを常としており、『同和地区 Wiki』を開設したのも、そこに掲載した全国部落調査に、不特定多数の者による編集が入ることによって、その調査結果をより正確なものとすることを意図していたことが認められることに照らすと、債務者は、自ら開設した『同和地区 Wiki』の掲載された記事内容については、常日頃から十分にチェックし、把握していたものと考えられる。」との認識を示した上で、以下のように決定している。

「かかる事情を前提とすると、管理者である債務者としては、『同和地区 Wiki』のウェブサイト上に、他人の権利を違法に侵害している記事が掲載されていることに気づいた段階で、その管理者権限に基づき当該記事を削除するか掲載を停止する等、情報の送信を防止する措置を講じるべきなのであって、そのような措置を取ることなく放置した場合には、債務者自身が当該情報を掲載したと同視し得るものとして、当該違法な情報により生じた損害に対する賠償責任を負うものというべきである。」と述べ、「本件人物一覧表は、部落解放同盟に関係する数百人規模の個人について、その氏名や住所、部落解放同盟における役職名、また人によっては（中略）、電話番号、生年月日等の個人情報が表示されたものであって、これらの情報が個人のプライバシーに属するものであることは明らかであり、その中には債権者の氏名、住所地、電話番号及びその所属する部落解放同盟における役職名も含まれていた。」との事実と見解を示した上で違法性について以下のように示している。

プライバシーを侵害する違法掲載と認定

「債権者が、かかる個人情報を『同和地区 Wiki』に掲載することについて承諾したことがないのは明らかであるし、債権者を含む部落解放同盟の関係者として本件人物一覧表に載せられた個人の多くが、部落解放同盟の主張や活動方針と激しく対立する立場にある債務者が開設する『同和地区 Wiki』上に、これら個人情報を掲載することに承諾を与えるはずがないことは、債務者においても容易に理解できるはずのことである。

そして、個人のプライバシーに属する事実を、本人の承諾なくインターネットで公開することは、事情によっては適法と認められることもあり得るが、争点3において後述するとおり、本件人物一覧表に関する限り、それをインターネットで公開することの正当性があるとは認められず、プライバシーを侵害する違法な掲載であることも明らかである。」と異議審決定を行ったのである。極めて重要な決定であり、高く評価すべき決定である。彼らの差別的意図を明確に示した上で、管理者権限の範囲を正確に捉え「当該違法な情報により生じた損害に対する賠償責任」を厳正に認定している。

また本人の承諾のないインターネット上への個人のプライバシーに属する公開行為についても、本件人物一覧表に関しては、プライバシーを侵害する違法掲載と認定している。

上記の争点2の決定内容の意義も大きい。先述したように債務者は、人物一覧表を同和地区 Wiki ウェブサイト上に掲載したことも、管理者であることも否認した。しかし「決定」は、私たちの主張に基づいて彼らが「掲載したこと」も「管理者であること」もすべて認定した。

まず同サイトの管理者であることは、①同サイトのドメインを所有していること。（ドメインとは、ネットワークに接続しているコンピュータの場所を示すインターネット上の「住所」のようなもので他に同じものはない。）②自ら開設したことを認めていること。③同サイト上の記事について、削除や掲載停止を行う権限を有していることを明示した上で管理者として認定した。

そして彼らがウェブサイト等の中で、同和問題に関する主張を積極的に発信し、「同和地区 Wiki を開設したのも、そこに掲載した全国部落調査に、不特定多数の者による編集が入ることによって、その調査結果をより正確なものとすることを意図していた」と断じ、「掲載された記事内容については、常日頃から十分にチェックし、把握していた」との認識を示して、他人の権利を違法に侵害している記事に対して、削除や掲載停止を講じるべきであって、「そのような措置を取ることなく放置した場合には、債務者自身が当該情報を掲載したと同視し得る」として、彼らが責任を負うと認定した。

さらに部落解放同盟に関係する数百人規模の個人について、住所や役職名、電話番号、生年月日は、個人のプライバシーに属するものであることを明示し、本人の承諾なくインターネットで公開することは、本件の場合、正当性があるとは認められず、プライバシーを侵害する違法な掲載であると明確に認定した。

つまり、すでに一定の条件の下に公開されている個人情報であったとしても、いかなる人物や組織等が、どのような条件下で、つまりどのような目的・場所・内容等の個人情報等を公開したかという5W1Hを示して、それらを本人の承諾なく公開すれば違法性を帯びるということを明示した上で、彼らの行為に違法性があるということを認定した意義は極めて大きい。これらは、これまでの部落差別撤廃の取り組みをはじめとする個人情報保護やプライバシー保護の国内外の取り組みの成果でもあるといえる。

一般的に個人情報とプライバシー情報に関しては整理しなければならない問題点があることも事実だが、本「決定」では氏名や住所、部落解放同盟における役職名、電話番号、生年月日等の個人情報がプライバシーに属するものであることを明確に認めた。とりわけ被差別部落出身者の場合、「全国部落調査」のようなものがネット上に公開されている現状をふまえれば、住所の公開によって不快や不安の念を覚えることは指摘するまでもないことであり、本人の承諾がないネット上への公開はプライバシー侵害行為であり、差別助長行為でもあるということが明確に認められた。

争点3—権利侵害の有無及び損害額の相当性について

以上のこともふくめて争点3に関する「決定」文は、より明確に述べている。以下に「決定」文を紹介しておきたい。

争点3は「各行為の債権者に対する権利侵害の有無及び損害額の相当性」についてである。つまり彼らの行為を不法行為と認定するためには、権利侵害に該当するか否かは極めて重要なことであり、該当しなければ不法行為と認定できないことになる。

それらに対して横浜地裁相模原支部は彼らの行為が明確に権利侵害に該当すると「決定」文で認定している。

まず「決定」文で「(1)我が国では、同和地区出身者に対するいわれなき差別が長く続いてきた歴史があって、国家もその深刻重大な社会問題を抜本的に解決するために長年同和対策事業を進めてきたことは公知の事実である。

それでもなお、近年でも、結婚の際の身元調査等によって同和地区出身者であることを知られれば、親戚らから結婚を反対されたり現に破談となったり、あるいは結婚や就職に先立ち、同和地区出身者か否かを調査するために戸籍を不正取得して興信所に売却する等の事件が起ったことがあって、一部の人々の間には、今なお同和地区出身者に対するいわれなき差別意識が厳然として残っていることが認められる。このような差別意識自体をいずれは完全に覆滅し、真に差別のない社会を築くためには、今後とも差別意識の表れとなるような言動や、差別的言動を増長させるような出来事を、排除するという努力を続けることが必要であろう。」と部落差別の現状に関し私たちの主張を明確に認め、結婚差別の事実、戸籍不正入手が行われている事実、差別意識が厳然と残っている事実を指摘し、差別のない社会を築くためには差別意識の表れとなるような言動や、差別的言動を増長させるようなことを排除する努力の必要性を明記している。

「全国部落調査」一覧表が差別の拡散に

以上の認識を示した上で、「決定」文は、「ところが、全国部落調査やその調査結果データを抽出した全国部落調査一覧表は、全国の同和地区の所在地を網羅的に記載した旧全国部落調査を復刻した上に、その現住所地まで付記する形で一覧的に整理したデータであるし、本件出版物はかかるデータ内容を書籍化したものである。かかる情報が広く一般に知られることは、現代において、かつての同和地区の所在地が広く知られることを意味するのであって、それによって、特定の個人が同和地区出身者もしくは居住者であるか否かを調査することを著しく容易にするものである。かかる機会の提供に伴い、特定の個人について、同和地区出身者か否かの身元調査をしようとする動機付けや実際にそのような行動に出る者が増大し、そのような言動の繰り返しが、同和地区出身者や現に同地区に居住する者に対するさらなる差別意識の形成、増長、承継につながっていくものとなるであろうことは容易に想定することができる。」と示した。

つまり全国部落調査一覧表のようなデータによって、同和地区の所在地が広く知られることになるとともに、特定の個人が同和地区出身であるか否かを調査することを著しく容易にし、そのような行動を行う者が増大し、差別意識の形成や拡散、承継につながっていくと指摘している。

このような認識を明示した上で、「その意味で、債務者が、全国部落調査や、全国部落調査一覧表をインターネット上で公開したり、本件出版物の出版を意図してインターネット上でその予告をしたり、ツイッター上で全国部落調査一覧表を案内することで、全国部落調査の内容を、不特定多数の者に広く知らしめようとする行為は、債務者に差別助長の意図があるか否かにかかわらず、実際には差別意識の形成、増長、承継を助長する結果となるであろうことは明らかであるし、そうなれば、差別意識や差別的言動を撲滅しようとしてきた国家やこれに添う活動をしてきた個人や組織の長年の努力を、大きく損なうこととなりかねない。

一方債権者は、被差別部落の出身者として、自身も不当な差別的言動にさらされて心痛を被った経験がある上、長年部落解放同盟に所属して差別解消のための活動に従事してきた立場の者であるから、債務者の上記のような行為の結果、新たな差別意識が形成、増長、承継されるおそれが増大すること自体に、強い怒りや危機感、おそれを感じるのは当然のことと解される。」と私たちの主張の正当性を明確に認めた。

つまり彼らに差別助長の意図があるか否かにかかわらず、彼らの行為が差別意識の形成、拡散、承継に直結し、それらの行為が、これまで多くの公私の機関が積み重ねてきた差別撤廃への努力を大きく損なうと述べている。そしてそれらの行為によって、被差別部落出身者が強い怒りや危機感、おそれの感情を抱くのは当然との認識を示したのである。

名誉権や差別を受けない権利の侵害に当たると認定

以上のような認識の下、「決定」は続けて以下のように述べている。「債権者の出身地が同和地区であったという事実は、債権者にとって広く社会に公開されたくないプライバシー情報であることは明らかであるし、同和地区出身者に対する差別意識を持つ人たちが、未だ一部に存在していると解される現在の日本社会においては、債権者が同和地区出身であると摘示されることは、その社会的評価を低下させ、名誉権を侵害するものというべきである。さらに、他者から不当な差別行為を受けることなく円滑な社会生活を営む権利利益は、『差別されない権利』という名称を付するか否かはともかく、人格権もしくは人格的利益の一つとして保障されるべきものと解するところ、日本国内でこれまで同和地区出身者に対する差別的言動が長く行われてきた経緯があったことに照らすと、債権者が、同和地区出身者であることを摘示されることは、それによって、現に差別的取扱いを受けていなくとも、いついかなる時に、知人のみならず見ず知らずの第三者からさえも、差別的取扱いを受けるかもしれないという懸念を増大させ、その平穏な生活を脅かすものとなるという点で、その権利利益を侵害するものといえる。」と指摘し、①同和地区出身がプライバシー情報であること、②同和地区出身者に対して差別意識を持つ人が未だに存在していること、③同和地区出身であることを摘示されることが社会的評価を低下させ、名誉権を侵害すること、④それらは人格権として保障されるべきこと、⑤そうした摘示行為が平穏な生活を脅かすものとなり権利利益を侵害するものであることを「決定」は明確に述べた。

私たちの主張をほぼ完全に認めたものであり、こうした行為が、私たちのプライバシー権、名誉権、また差別行為を受けることなく円滑な社会生活を営む権利利益を侵害するとの「決定」内容になったのである。

プライバシーのアウティングは違法行為

さらに「決定」は「そして確かに、債務者（鳥取ループ等）が、全国部落調査や全国部落調査一覧表をインターネット上で公開したり、インターネット上で本件出版物の予告をし、ツイッターで全国部落調査一覧表への案内をすることで、全国部落調査の存在を広く不特定多数の者に知らせたことは、それだけでは債権者の出身地区が同和地区であったことを示す行為とはいえないが、債権者の出身地を現に知っているか、あるいは今後知り得る者らにとっては、債権者が被差別部落の出身者であることを把握し得る情報が公開されたものにほかならない。かかる行為は、債権者のプライバシー権、名誉権、また差別行為を受けることなく円滑な社会生活を営む権利利益を侵害するものというべきである。」と述べ、冒頭で指摘したように「全国部落調査」を公開するなどの一連の行為が、被差別部落の出身者であることを把握し得る情報の公開と認定している。

そして「決定」は「債権者の個人情報を含む本件人物一覧表を、本人の承諾なくインターネットで公開することは、そこに掲載された個人の多くが公的地位にある者ではなく、その氏名住所等の個人情報が公共の利害に関する事項にあたるものでもなく、これをインターネット上で公表しなければならない必要性を認めるに足る事情もないことに照らすと、これを公開すること自体が、承諾なく情報を掲載された個人に対し、そのプライバシーを侵害する違法行為となることが明らかである。」と述べ、先に指摘した「アウティング」（本人に承諾なくプライバシー情報を公表すること）であり、それがプライバシーを侵害する違法行為であることを明確に示し、彼ら（鳥取ループ等）の主張をすべて否定した。

その上で「決定」は「債権者（私たちの代表）は上記のようなプライバシー権、名誉権及び差別されることなく円滑な社会生活を営む権利利益を侵害されたことで、少なくとも相当の精神的苦痛を被ったことが明らかである。」と述べ、そうした認定の下、「決定」は「結語」で「『同和地区Wiki』管理者として、本件人物一覧表のうち債権者の個人情報が記載された部分を、速やかに停止する等の措置を執ることなくこれを掲載したという不法行為に基づき、債権者は債務者（鳥取ループ等）に対し慰謝料200万円相当の損害賠償請求権を有する」と認定し、明確に不法行為と断定した。

部落差別撤廃に極めて大きな影響

本「決定」は、今後の部落解放運動に極めて大きな影響を与える。なぜなら一九七五年に発覚した「部落地名総鑑」は極秘裏に高額で販売され、多くの人々が見ることができるようなものではなかった。それが今回のネット上の「全国部落調査」は、インターネットにアクセスさえできれば、すべての人が閲覧できる状況になっている。調べたい人の現住所や本籍地等が分れば、瞬時にその地が被差別部落か否かが分るのである。

一方、ネット上で「同和」などとキーワード検索すれば、差別表現、差別扇動が嵐のように吹き荒れている。まさに部落差別を助長する武器をすべての人に提供しているのと同様のことが堂々と行われているのである。武器や兵器が戦争や紛争を激化させるように、彼ら（鳥取ループ等）の行為が、「決定」文で示されたように「差別意識の形成、増長、承継を助長する結果」に直結しているのである。特に同和教育をほとんど受けたことのない若い世代は、ネット世代であり、ネット上の部落差別「助長」教育に接している世代である。そうした差別助長教育に影響を受けた世代に対して、部落差別をするための手段まで「全国部落調査」としてネット上に公開されているのである。

「ペンは剣よりも強し」という諺（ことわざ）がある。暴力に屈することなく表現の自由を駆使して、不正な権力者を追い詰める新聞記者やメディアの気骨を示した有名な諺である。「ペン」は「情報」のことであり、この諺を逆手に取ったような彼ら（鳥取ループ等）の行為は、まさに部落差別「情報」を駆使することで「剣」（暴力）よりも強い差別行為を行っているのである。被差別部落出身者にとってネット上の「全国部落調査」情報は、剣よりも恐れを感じるものなのである。それだけではない。ネット上に掲載された「全国部落調査」情報は、容易にコピーや保存ができ、部落差別を行う武器としていつでも悪用することができるものになってしまったのである。

今やインターネットは社会の隅々まで浸透している最重

要インフラである。上記のように電子空間上の「全国部落調査」に関わる裁判の状況を詳述してきたのは、これからの部落解放運動をはじめとする社会に多大な影響を与えるのが、本裁判とも関連する電子空間上の問題だからである。インターネットやＩＴ（情報技術）革命の進化にともない部落差別解消推進法でも明記されたように、部落差別の状況が大きく変わることを明確に理解しなければ部落差別撤廃を成し遂げることはできない。

圧倒的な影響を与える歴史的裁判

かつて機械工学の進歩が人間の筋力を限りなく強大にしたように、情報工学の進歩が人間の意識を限りなく拡大し、差別意識や差別情報までも拡大してしまった。その典型的な事案が今起っていることである。ＩＴ（情報技術）革命の影響で差別問題の分野でも、現実空間の事案以上に現実に影響を与えているのが、サイバースペース（電子空間）事案なのである。このような状況をふまえれば、サイバースペースを悪用する差別行為者への的確な対応を行わない限り、部落差別問題の根本的な解決はあり得ない。本事件はサイバー空間への取り組みが最重要課題になっていることを顕著に示した事案であるともいえる。その意味で「全国部落調査」復刻版差止め裁判は、部落解放運動の一課題ではなく、今後の部落解放運動に圧倒的な影響を与える歴史的裁判であることを肝に銘じるべきである。そうした視点で「決定」内容を正確に詳細に分析することは、今日の最大の部落差別事件を分析することでもある。

いずれにしても、「全国部落調査」がネット上に公開された事実は、先にも指摘したように部落差別撤廃の取り組みを大きく後退させた。「決定」も述べているように差別意識の形成、増長、承継を助長することは明らかである。これらの部落差別助長行為を克服することができるだけの教育・啓発をはじめとする部落差別撤廃の取り組みが求められている。差別言動を激化させる「武器」があっても使用しない、させない、許さない法的措置や取り組みが強く求められている。こうした事態を厳正に受け止め、部落差別解消推進法の積極的な活用がなければ、四年後に迫った全国水平社創立一〇〇年の二〇二二年をより一層厳しい部落差別実態の中で迎えなければならないといえる。本裁判は部落解放運動の後退か前進かの分水嶺ともいえる裁判闘争であることを最後に申し上げ、「全国部落調査」復刻版出版差止め裁判の現段階における報告としたい。

「全国部落調査」復刻版出版事件

 2017年4月3日

主張　「全国部落調査」復刻版糾弾の闘いを全国に広げよう

（「解放新聞中央版」2017年4月3日付）

全国に広げよう

1

鳥取ループ・示現舎の「全国部落調査」復刻版出版事件裁判の第4回口頭弁論が3月13日に東京地裁でひらかれ、鳥取ループ・Mが準備書面にそって差別的な持論をのべた。東京地裁には原告を先頭に130人が傍聴に参加し、地裁の一番大きな103号法廷は鳥取ループ・Mの差別煽動を決して許さないとする原告側の傍聴者で埋め尽くされた。

鳥取ループ・Mは、準備書面にそって発言したが、準備書面では「部落解放運動や行政のあり方が新しい部落差別の要因である」とのべたうえで、就職差別に関連して「統一応募用紙の使用は企業の義務ではない。民間企業が誰をどのような基準で雇用するかは、法律の範囲であれば自由である」とのべて事実上、就職差別を容認する発言を並べ立てた。結婚差別についても「そもそも、結婚自体が容姿、職業、経済状態、思想信条、宗教、家柄など憲法で差別されないと明記されているような属性や、個人の努力ではどうにもならない属性で決められるものであり、とくに憲法で「両性の合意」のみが要因とされている以上、そこに部落差別が関係しても本人の判断に他人が介入することが出来ない」とのべ、結婚差別を容認する主張をおこなった。

昨年成立した「部落差別解消推進法」についても、「全国部落調査」は、「部落差別解消推進法」に書かれた内容を実現するために欠かせない資料といえる。

鳥取ループの差別行為許さない社会的な包囲網を

政府の中央融和事業協会が出した調査報告書「全國部落調査」（1936年作成）

▶第２回口頭弁論後の報告集会（2016年９月26日・東京）

主張 「全国部落調査」復刻版糾弾の闘いを

特に実態調査には有効で…活用することが出来る」と新法制定をあざ笑うかのような主張をおこなった。また、「部落が抱える問題を理解し、解決するためには部落の場所を秘密にしてはならない」などとのべて復刻版出版の正当化を試みた。このほかＭは、「全国部落調査」が公開されたことにより、人権侵犯事件は増えていない」とか、「被差別部落出身者を自称すれば優位に立てるという歪んだ考えが原告にある」、「被差別部落出身者なるものは法的にも歴史的にも社会的にも存在しない」など荒唐無稽な持論を主張した。

2

ところで今回の「全国部落調査」復刻版出版事件では、昨年3月28日に横浜地裁が出版禁止の仮処分を決定し、また4月18日に横浜地裁相模原支部がインターネットへの掲載の削除を命じた仮処分決定をおこない、Ｍがこれを不服として異議申し立てをおこなっていたが、この異議申し立てにたいする横浜地裁の決定が3月16日に届いた。

復刻版出版禁止の仮処分にたいして横浜地裁は、「現在においても、なお、同和地区出身者らに対する差別行為を容認する意識が一定程度存在すると言わざるを得ず、…ひとたび本件出版予定物の出版等がされた場合には、部落地名総鑑と同様に利用されることにより、同和地区出身者の就職の機会均等に影響を及ぼし、更には、様々な差別を招来し、助長する恐れが高く」としてＭの異議申し立てを却下し、仮処分決定と同じく書籍の「出版、販売又は頒布してはならない」と決定をおこなった。ただし、部落解放同盟の委員長ほか5人の個人債権者の申し立ては認めたが、「差別行為は…同和地区出身者ら各人に対して行われるものであって、債権者（解放）同盟に対して行われるものとは認められず」とのべ、また「（解放）同盟の業務遂行権を侵害しているとは認められない」として団体としての部落解放同盟の申し立てを認めなかった。弁護団と闘争本部は、この点について異議申し立てをおこなうことにした。

一方、インターネットからの削除を決定した仮処分決定については、「全国部落調査」とそのＰＤＦ版「全国の同和地区」、および「部落解放同盟関係人物一覧」の削除、公表禁止は認めたが、その後に出された「全国部落調査ミラーサイト」と「同和Ｗｉｋｉメインページ」については却下した。このミラーサイトへの掲載については、Ｍが「自分はミラーサイトには掲載していない、誰かが勝手にやっているのだ」と言い逃れを続けていた。このため弁護団は、そもそも「全国部落調査ミラーサイト」も「同和Ｗｉｋｉメインページ」もＭが掲載したものが利用されており、掲載した張本人であるMに責任があると主張してきたが、横浜地裁は掲載者が証明されていないとして、その部分を却下した。「ミラーサイト」については、出どころを突き止めることは技術的に難しく、弁護団、闘争本部は今後専門家を入れて検討することにした。部分的な課題は残ったものの、出版禁止、ネット掲載禁止の仮処分決定にたいするMの異議申し立てにたいして、横浜地裁がはっきりと図書の出版やネットへの掲載は「差別を助長する」とのべて却下したことの意義は重要だ。

3

裁判所の決定を待つまでもなく、鳥取ループの行為は、部落差別が現存するなかでは、部落差別を助長・煽動する許しがたい差別行為そのものである。また、鳥取ループの行為は、同和問題を解決するための行政や企業、宗教団体、労働組合などでのさまざまなとりくみの成果を台無しにする許しがたい行為であり、解放運動を冒瀆（ぼうとく）する行為そのものである。同和地区を暴くことで、同和地区に暮らす住民にたいする差別意識が煽られ、就職差別や結婚差別を受ける危険性が増幅することは目に見えている。

部落解放同盟中央本部は先の第74回全国大会で、「全国部落調査」復刻版を企む鳥取ループを徹底的に糾弾することをあらためて確認し、糾弾闘争の一環として組織をあげて裁判闘争を闘い抜くことを決定した。また、具体的な闘いとして、法務省・地方法務局の行政責任の追及をよびかけた。法務省は、本人へ「説示」文を一枚突きつけただけで、あとは高みの見物を決め込んでいる。法務省がその気になればプロバイダーに強力に働きかけて鳥取ループの差別情報（全国部落調査）を削除させることができるはずだ。各都府県連は、法務省、地方法務局にたいして一日も早く削除するよう強く働きかけよう。

また、大会では地方自治体や関係団体への働きかけを決定した。戦前の調査とはいえ、「全国部落調査」はもともと地方自治体が調査した情報である。行政が集めた情報が差別情報として悪用されているという意味で、また地元の住民が差別にさらされているという意味でも行政も当事者である。鳥取ループの所業は戦後70年間、部落差別をなくそうとしてきた行政や学校、企業、宗教団体などにたいする挑戦でもある。行政はもとより企業や宗教団体、労働組合などの関係団体が毅然として立ちあがり、鳥取ループの復刻版を許さない社会的な包囲網を築くことが必要だ。

次回の口頭弁論は、6月26日にひらかれる。裁判を控えて「全国部落調査」復刻版糾弾の闘いをいっそう強化しよう。次回の第5回口頭弁論に全国から結集しよう。

全　国　2017年6月26日

「全国部落調査」復刻版出版事件裁判第５回口頭弁論開かれる

（「解放新聞中央版」2017年7月10日付）

虚偽と居直りを暴く

被告の準備書面に反論

復刻版裁判第5回口頭弁論

「全国部落調査」復刻版出版事件裁判の第5回口頭弁論が6月26日午後、東京地裁でひらかれ、130人が集まった。3つめの準備書面を口頭で説明して提出し、前回（2804号既報）の口頭弁論で被告Mらが提出した書面にていねいに反論。Mらの主張の虚偽と居直りを暴き、Mらの行為が部落差別の助長・誘発行為である事実を指摘した。

復刻版表紙の「部落地名総鑑の原典」の宣伝文句や、ツイッターでの「バンバン売って金儲け」の本心の吐露など、客観的な事実をもとに、復刻版の出版やインターネットへの地名などのばらまきが「部落地名総鑑」事件と同等かそれ以上に深刻な被害をもたらすと自覚していた、部落差別を助長・誘発する目的があった、と証明。Mらの「学問研究目的」などの弁明は「完全に失当」と指摘した。

次回公判は9月25日午後2時から。

今回の「準備書面3」は48㌻におよぶもの。提出にあたり、山本志都、河村健夫の両弁護士が口頭で簡潔に裁判官に説明した。

Mらの前回の準備書面にたいし▽部落差別がないとはいっていないというMらの主張は、部落差別が存在しないという前提に貫かれたMら自身の準備書面と矛盾し事実ではない▽部落の名前・場所の非公開が部落差別を助長するのではなく

▲第5回口頭弁論のあと、報告集会をひらき、90人が参加、「第2、第3のM（被告）をつくらないため、圧倒的に勝利しよう」と誓い合った（6月26日・東京）

公開こそ助長する、など、一つずつ反論。まるで他人事のように「情報は否応なく拡散してゆくもの」などと主張する悪質さや、「特定の部落について、周囲の人間が「ガラが悪い」と言っていても、見た目からして確かにそうなので否定できない」というM自身の差別感情の吐露も指摘した。

被差別部落出身者は「法的にも歴史的にも社会的にも存在しない」というMらの主張にも、本訴訟とは無関係と指摘すると同時に、その前提にある出身者がいなければ部落差別はないという事実誤認を指摘した。

報告集会は同日、日比谷図書文化館でひらき、90人が参加。高橋中執が司会を務め、西島書記長が「第2、第3のMをつくらないため圧倒的に勝利を」と表明。指宿昭一、山本、中井雅人、河村の各弁護士が裁判の流れと準備書面3の内容を中心に報告し、会場からも兵庫、神奈川、埼玉から質問が出され、質疑応答した。

なお、「全国部落調査」復刻版の出版差し止めの仮処分（昨年3月28日、横浜地裁）にMらが異議を申し立てた裁判では、東京高裁が6月16日、仮処分申立てのうち、同盟の「業務を円滑に行う権利の侵害」だけを認めなかった横浜地裁決定（3月16日）を追認し、双方の抗告を棄却した。

全　国　2017年7月11日

横浜地裁相模原支部が損害賠償のための自宅マンション仮差押決定にたいする異議申立に却下決定

（「解放新聞中央版」2017年7月31日付）

差別意識の形成、増長、承継を助長と

鳥取ループの異議退け

マンション仮差押決定で

差別されない権利にも言及

「全国部落調査」復刻版出版事件で7月11日、横浜地裁相模原支部（荻原弘子・裁判官）は、ウェブサイトでの復刻版の公開や出版予告、「部落解放同盟関係人物一覧」掲載などをしてきたM（示現舎代表社員、鳥取ループ）の行為が、差別助長の意図の有無にかかわらず「差別意識の形成、増長、承継」の助長につながると認定。片岡副委員長のプライバシー権、名誉権、「他者から不当な差別行為を受けることなく円滑な社会生活を営む権利利益」にたいする侵害を認め、その損害賠償のための自宅マンション仮差押決定にたいするMの異議申立を退けた。

Mの自宅マンションの仮差押は、Mの不法行為への損害賠償請求権を保全するための仮の差し押さえとして片岡副委員長が横浜地裁相模原支部に申し立て、昨年4月8日に仮差押決定が出されていたもの。

今回裁判所は、身元調査や戸籍不正取得事件にふれ、「一部の人々の間には、今なお同和地区出身者に対するいわれなき差別意識が厳然として残っている」と指摘。復刻版のデータ公開は身元調査を「著しく容易にする」とし、「かかる機会の提供にともない、特定の個人について、同和地区出身者か否かの身元調査をしようとする動機付けや実際にそのような行動に出る者が増大し、そのような言動の繰り返しが、同和地区出身者や現に同地区に居住する者に対するさらなる差別意識の形成、増長、承継に」つながることは容易に想定できる、とした。差別意識の形成、増長、承継を助長し、差別撤廃に向けた国や個人、組織の「長年の努力を、大きく損なうことになりかねない」と認めた。

また、プライバシー権、名誉権の侵害を認めるとともに「『差別されない権利』という名称を付するか否かはともかく、人格権もしくは人格的利益の一つとして保障されるべきもの」として「他者から不当な差別行為を受けることなく円滑な社会生活を営む権利利益」に言及。差別的言動が長くおこなわれてきた日本社会の現実から「同和地区出身者であることを摘示されることは、それによって、現に差別的取扱いを受けていなくとも、いついかなる時に、知人のみならず見ず知らずの第三者からさえも、差別的取扱いを受けるかもしれないという懸念を増大させ、その平穏な生活を脅かすものとなるという点で、その権利利益を侵害す

「全国部落調査」復刻版をめぐる各裁判の経過

出版等禁止の仮処分（横浜地裁）

2016年

3月22日　部落解放同盟と組坂委員長ら5人が出版など禁止の仮処分を申し立て
3月28日　仮処分が決定
4月7日　横浜地裁の執行官が現物差し押さえのため、示現舎へ。部屋に何もなく差し押さえできず

2017年

3月16日　仮処分決定にたいする示現舎の保全異議申立にたいする決定（横浜地裁）
6月16日　仮処分決定の保全抗告審で決定（東京高裁）

サイトからの削除仮処分（横浜地裁相模原支部）

2016年

4月4日　部落解放同盟と組坂委員長ら5人がサイトからの削除の仮処分申し立て
4月18日　サイトからの削除の仮処分が決定
7月19日　仮処分決定を無視しているMに1日10万円の制裁金を命じる決定

マンションの仮差押（横浜地裁相模原支部）

2016年

4月5日　Mの行為にたいする損害賠償請求へ片岡副委員長がMのマンションの仮差し押さえを申し立て
4月8日　仮差し押さえが決定

2017年

7月11日　仮差し押さえへのMの異議申立にたいする決定

自動車の仮差押（横浜地裁相模原支部）

2016年

6月　Mの行為にたいする損害賠償請求へ片岡副委員長がMの自動車の仮差し押さえを申し立て
7月4日　仮差し押さえ発令

本審・東京地裁（出版等禁止、ウェブサイトからの削除、損害賠償）

2016年

4月19日　部落解放同盟と同盟員ら多数が提訴
7月5日　第1回口頭弁論
9月26日　第2回口頭弁論
12月12日　第3回口頭弁論

2017年

3月13日　第4回口頭弁論
6月26日　第5回口頭弁論

るものといえる」という画期的な判断をおこなった。

ウェブサイト「同和地区Ｗｉｋｉ」への「部落解放同盟関係人物一覧」掲載（すくなくとも昨年3月16日～昨年4月9日）については、Mが掲載記事を削除したりデータの掲載停止をしていた事実から、Mを管理者と判断。たとえMが人物一覧を最初に掲載したのではないとしても、管理者として、人物一覧が本人の承諾を得ずプライバシーを侵害する形で掲載されていると容易に知り得たのに、すみやかに削除や掲載停止をしなかった点で、Mみずから人物一覧を掲載したことと同様の責任を負う、とした。

＊決定文はホームページから全文を読むことができる。「ストップ部落調査」で検索を。

全　国　2017年7月11日

画期的な横浜地裁相模原支部の異義審決定

（「解放新聞中央版」2017年9月25日付）

異議申立で

不法行為と厳しく批判

横浜地裁相模原支部が決定

部落解放同盟は昨年4月19日、東京地裁に鳥取ループのMを相手に「全国部落調査」の公表禁止と損害賠償を求める訴えをおこした。これに先立ち4月5日、片岡副委員長を債権者に、損害賠償権執行保全のためにMの所有する不動産（マンション）の仮差し押さえ命令を申し立てた。横浜地裁相模原支部は4月8日に訴えを認め、仮差し押さえを決定したが、これにたいしてM（以下、債務者（M））は12月19日、同支部に異議を申し立てた。同支部は7月11日、Mの異議申立を却下。Mの行為を「差別意識の形成、増長、承継を助長する」と厳しく弾劾し、ふたたび仮差し押さえを認可する決定をおこなった。今後の裁判にきわめて重要な決定になる。決定のおもな内容を掲載する。

異議申立裁判の争点

裁判では、つぎの2点が争点になった。

1点目は、「同和地区Wiki」ウェブサイトの管理責任についてである。Mは「同和地区Wiki」ウェブサイト上に部落解放同盟人物一覧を掲載していたが、「誰でも自由に書き込みが出来るウェブサイトで、掲載者は不明であり」、自分は掲載していないと責任逃れをしていた。これにたいする責任の有無が争点になった。

2点目は、プライバシー権、名誉権、差別されない権利の侵害の有無および損害賠償額についてである。Mは、解放同盟人物一覧に掲載したのは自分ではないし、また債権者（片岡副委員長のこと、以下債権者K）は部落解放同盟の役員であることは「公知の事実」だから、プライバシーの侵害に当たらないし、名誉権が侵害されておらず、損害は与えていないから損害賠償する必要はないと反論してきた。

不動産仮差押

裁判所の判断

「同和地区Wiki」の管理者責任について

㈠「資料だけからは、本件人物一覧表を最初に掲載したのが債務者（M）であることが疎明されたとは言いがたい。また債務者は、自らが「同和地区Wiki」の管理者であることも否認している」

㈡「しかしながら、債務者(M)は、「同和地区Wiki」のドメインを所有し、自らこれを開設したことは認めている」「(また) 横浜地方裁判所相模原支部からウェブサイト上の記事の仮の削除を命ずる決定を受けた後には、示現舎名義のウェブサイト上に、『おそらく今度は間接強制がかけられるので、『同和地区・みんな』ドメイン及び筆者が対処可能なサイトは別サイトに転送しておきました」とする記事を掲載している」「とすれば、少なくとも債務者は、本件人物一覧表等が掲載された「同和地区Wiki」の記事について、これを削除したり、データの掲載停止を行うことが可能な権限を有していることは明らかであって、債務者（M）は「同和地区Wiki」の管理者であると認められる」

㈢「(また) 債務者（M）は、自ら開設した「同和地区Wiki」の掲載された記事内容については、常日頃から十分にチェックし、把握していたものと考えられる」「かかる事情を前提とすると、管理者である債務者（M）としては、「同和地区Wiki」のウェブサイト上に、他人の権利を違法に侵害している記事が掲載されていることに気づいた段階で、その管理者権限に基づき当該記事を削除するか掲載を停止する等、情報の送信を防止する措定を講じるべきなのであって、そのような措置を取ることなく放置した場合には、債務者自身が当該情報を掲載したと同視し得るものとして、当該違法な情報により生じた損害に対する賠償責任を負うものというべきである」

権利侵害の有無及び損害額の相当性について

㈠「我が国では、同和地区出身者に対するいわれなき差別が長く続いてきた歴史があって、国家もその深刻重大な社会問題を抜本的に解決するために長年同和対策事業を進めてきたことは公知の事実である。それでもなお、近年でも、結婚の際の身元調査等によって同和地区出身者であることを知られれば、親戚らから結婚を反対されたり現に破談となったり、あるいは結婚や就職に先立ち、同和地区出身者か否かを調査するために戸籍を不正取得して興信所に売却する等の事件が起こったことがあって、一部の人々の間には、今なお同和地区出身者に対するいわれなき差別意識が厳然として残っていることが認められる。このような差別意識自体をいずれは完全に覆滅し、真に差別のない社会を築くためには、今後とも差別意識の表れとなるような言動や、差別的言動を増長させるような出来事を、排除するという努力を続けることが必要であろう」

「ところが、全国部落調査やその調査結果データを抽出した全国部落調査一覧表は、全国の同和地区の所在地を網羅的に記載した旧全国部落調査を復刻した上に、その現住所地まで付記する形で一覧的に整理したデータであるし、本件出版物はかかるデータ内容を書籍化したものである。かかる情報が広く一般に知られることは、現代において、かつての同和地区の所在地が広く知られることを意味するのであって、それによって、特定の個人が同和地区出身者もしくは居住者であるか否かを調査することを著しく容易にするものである。かかる機会の提供に伴い、特定の個人について、同和地区出身者か否かの身元調査をしようとする動機付けや実際にそのような行動に出る者が増大し、そのような言動の繰り返しが、同和地区出身者や現に同地区に居住する者に対するさらなる差別意識の形成、増長、承継につながっていくものとなるであろうことは容易に想定することができる」

「その意味で、…全国部落調査の内容を、不特定多数の者に広く知らしめようとする行為は、債務者（M）に差別助長の意図があるか否かにかかわらず、実際には差別意識の形成、増長、承継を助長する結果となるであろうことは明らかであるし、そうなれば、差別意識や差別的言動を撲滅しようとしてきた国家やこれに添う活動をしてきた個人や組織の長年の努力を、大きく損なうこととなりかねない」

結語

「以上の次第で、債務者（M）による…不法行為に基づき、債権者（K）は債務者（M）に対し慰謝料200万円相当の損害賠償請求権を有することは疎明されたものであるから、これを被保全債権として、本件建物を仮に差し押さえた原決定は、正当なものと認める」

「全国部落調査」復刻版出版事件

不動産仮差押異議申立事件の横浜地裁相模原支部の決定は、東京地裁でおこなわれている本審にとっても、きわめて重要な決定になる。写真は本審の第５回口頭弁論の報告集会（６月26日・東京）。第６回は９月25日おこなわれる

全　国　2017年9月18日

主張　居直り続ける鳥取ループを徹底的に糾弾しよう

（「解放新聞中央版」2017年9月18日付）

主張　居直り続ける鳥取ループを徹底的に糾弾しよう

1

「全国部落調査」復刻版出版事件裁判の第6回口頭弁論が9月25日に東京地裁でひらかれる。部落差別を助長・拡散させる被告（鳥取ループ・示現舎・M（示現舎代表社員））を徹底的に糾弾するため、全国から東京地裁に結集しよう。

鳥取ループ・示現舎・Mは、仮処分決定によって復刻版の出版が禁じられたあとも、インターネットに掲載してこれを拡散するようよびかけていた。最近では「部落差別解消推進法」をも持ち出して、開き直っている。昨年12月に制定された「推進法」は、すくなくともMの行為を念頭に置いて制定された法律だといってもいい。それを言うに事欠いてMは、「『全国部落調査』は、『部落差別解消推進法』に書かれた内容を実現するために、欠かせない資料といえる。とくに実態調査には有効で、それぞれの部落がどのような問題を抱えるのか把握し、あるいは部落差別が解消された部落はどのような経過を歩んできたのかを検証するために、活用することが出来る」などとふざけた主張をおこなっている。

これにたいして弁護団は、「『部落差別解消推進法』が、その第1条（目的）で、「この法律は、現在もなお部落差別が存在するとともに、情報化の進展に伴って部落差別に関する状況の変化が生じていることを踏まえ」と規定しているのは、まさに、Mらの行為が深刻な部落差別を引き起こす行為であることを示しているのである」と厳しく弾劾した。しかし、被告はこれをまったく無視するだけでなく、8月に提出した準備書面では、「『全国部落調査』は差別につながる情報ではなく、日本人のルーツの一角に迫る、貴重な歴史資料である」とのべ、依然として開き直りを続けている。

政府の中央融和事業協会が出した調査報告書「全國部落調査」（1936年作成）

2

この裁判に関連して横浜地裁相模原支部は7月11

第5回口頭弁論には全国から130人が参加。報告集会では質疑応答を交えながら、示現舎・Mらの主張への反論を弁護団がおこなった（6月26日・東京）

日、Mの異議申し立てを却下し、M自宅マンションの仮差し押さえをふたたび認可する決定をおこなった。Mの不法行為への損害賠償権の執行を保全するために、昨年4月に片岡副委員長を債権者にM自宅マンションの仮差し押さえ申し立てに、横浜地裁相模原支部が4月8日に訴えを認め仮差し押さえをおこなった。Mはこの決定にたいし昨年12月、異議申し立てをおこなったが、今回地裁はこれを却下し、2度目の仮差し押さえを認可する決定をおこなった。

この裁判では、Mが、「部落解放同盟人物一覧」を掲載していないと逃げを打ったことが一つの争点になった。しかし、裁判所は「少なくともMは、本件人物一覧表等が掲載された「同和地区 Wiki」の記事について、これを削除したり、データの掲載停止を行うことが可能な権限を有していることは明らかであって、Mは「同和地区 Wiki」の管理者であると認められる」とのべ、「管理者としての削除権限を有していながらも、この間「同和地区 Wiki」から本件人物一覧表の削除をしなかったということは、結局のところこの間の債務者が、自ら本件人物一覧表を掲載していたと同視できるものであって、少なくともその管理者として、その掲載内容によって生じた損害に対する賠償責任を生じ得るものというべきである」とのべて、Mの関与を認め、賠償責任があるとした。

また、権利侵害はないというMの主張にたいして裁判所は、「全国部落調査の内容を、不特定多数の者に広く知らしめようとする行為は、債務者に差別助長の意図があるか否かにかかわらず、実際には差別意識の形成、増長、承継を助長する結果となるであろうことは明らかであるし、そうなれば、差別意識や差別的言動を撲滅しようとしてきた国家やこれに添う活動をしてきた個人や組織の長年の努力を、大きく損なうこととなりかねない」と指摘し、「プライバシー権、名誉権及び差別されることなく円滑な社会生活を営む権利利益を侵害されたことで、少なくとも相当な精神的苦痛を被ったことが明らかである」と権利侵害を認めた。そのうえで、「仮に今現在は、債権者の出身地を知る者に被差別部落出身者であることを知られてしまったり、何者かから現に差別的取扱いを受けるといった具体的な支障が生じたものではなかったとしても、そのような危険にさらされたということだけで、著しい苦痛や不安を伴うものであることは十分理解できるところであり、その慰謝料額が200万円となり得るものであることは疎明されている」とのべて、損害賠償請求権を認め、「建物を仮に差し押さえた原決定は、正当なものと認める」と仮差し押さえをふたたび決定した。

3

横浜地裁相模原支部は、Mの行為を差別の助長と指摘し、インターネットへの関与を認めたうえで損害賠償請求権をはっきりと認めた。裁判所が指摘するまでもなく、鳥取ループの復刻版出版やネットへの掲載が差別を助長・拡散することは明らかである。また、部落差別をなくそうと努力してきた部落解放同盟はもちろん、国、地方自治体、企業や宗教団体、労働組合などの長年の努力を台無しにすることも明らかだ。天人ともに許されない鳥取ループ・示現社・Mを徹底的に糾弾しよう。

9月25日の第6回口頭弁論に、全国から結集しよう。

全　国　2017年9月25日

「全国部落調査」復刻版出版事件裁判第6回口頭弁論開かれる

（「解放新聞中央版」2017年10月9日付）

ウェブサイトへの投稿や編集も、ほぼ被告Mがおこなっていることを明らかにし、報告する弁護団（9月25日・東京）

サイト編集も被告が

別サイトでも情報を変更

第6回口頭弁論

「全国部落調査」復刻版出版事件裁判で

「全国部落調査」復刻版出版事件裁判の第6回口頭弁論が9月25日午後、東京地裁でひらかれ、110人が集まった。弁護団は2つの準備書面を口頭で説明し、証拠とともに提出。復刻版のデータなどを載せた被告Mのウェブサイトについて、サイトへの投稿・編集も、記録の残っている16年3月にはほぼMがしていた事実、同サイト削除の仮処分命令後に同じ内容を載せた別サイト（ミラーサイト）でも、Mが積極的に情報を変更している事実などを明らかにした。

提出した準備書面4では、不動産仮差押へのMの異議申立棄却決定（7月11日・横浜地裁相模原支部、**2821、2828号に既報**）に言及してMの責任を指摘し▽復刻版データを載せたサイトはMが14年5月7日開設。匿名の通信システムを使う編集しかできない環境を作出▽Mがほとんど（68回中65回）を編集（16年3月29日の過去30日間の利用者一覧から）▽ミラーサイト上の「部落解放同盟関係人物一覧」変更にもMが深く関与。Mに原告目録が届いて9日のうちに149人の名前・住所が原告目録に沿い変更。原告目録は閲覧制限されており16年8月25日時点で閲覧・謄写者はいない。可能なのはMらだけ、と指摘。「部落差別解消推進法」成立の意義や復刻版出版の責任、原告らの損害、なども盛り込んだ。

準備書面5では▽Mは部落の情報収集へ5つの裁判をおこし全敗訴▽電話帳の個人情報のネット公開にも執着▽本件は差別助長を認識した確信犯、違法性はきわめて高い、と指摘した。

今回Mは、4つめの準備書面を提出し口頭で説明。「無知」「頭の悪さ」などの表現で原告を罵り、論理破綻をさらけだした。

次回は12月25日午前11時から。

報告集会は日比谷図書文化館でひらき、110人が参加。政平中執を司会に、指宿昭一、山本志都、中井雅人、河村健夫の各弁護士が報告。質疑応答し、片岡副委員長がまとめた。報告集会後は東京地裁で記者会見し、弁護団声明を発表した。

全国　2017年9月25日

復刻版『全国部落調査』差止め出版等事件弁護団声明

（「解放新聞中央版」2017年10月9日付）

弁護団が声明発表
復刻版出版事件裁判で

「全国部落調査」復刻版出版事件で9月25日に弁護団が出した声明を掲載する。

復刻版『全国部落調査』差止め出版等事件弁護団声明

2017年（平成29年）9月25日

1

本件は、原告ら248名が、示現舎合同会社及びその経営者であるM1・M2を被告として（以下当該3名をまとめて「被告ら」という）、①被告らが、政府外郭系団体が1935年（昭和10年）に作成した同和地区に関する内部調査資料を『復刻　全国部落調査』と称して出版販売し、加えて、インターネット上のホームページ等でそのデータをダウンロードできるようにしたこと、②被告らが、運営するインターネット上のホームページに「部落解放同盟関係人物一覧」と題して、当該人物の承諾なく住所・電話番号・関係団体における役職等を掲載した行為らについて、原告らの人格権を侵害し不法行為を構成するとして、出版の禁止・ネット上のデータの削除・原告1名あたり110万円の損害賠償を請求する訴訟である（以下、「本訴」という）。

また、関連する裁判として、①出版に関する出版禁止の仮処分決定（横浜地方裁判所　平成28年3月28日決定）、②インターネット上のデータに関する仮の削除決定（横浜地方裁判所相模原支部　平成28年4月18日決定）、③被告M1が所有するマンション及び自動車に対する仮差押決定（横浜地方裁判所相模原支部平成28年4月、同年7月）がある。

2

現在、本訴は東京地方裁判所において6回の審理を重ねており、原告側及び被告側による主張を整理する終盤の段階に差し掛かっている。

関連事件については、①出版禁止の仮処分決定は、被告M1がこれを不服として異議申立・保全抗告申立・許可抗告の申立を行ったが、裁判所は団体としての部落解放同盟の当事者適格を否定したほかは、当初の出版禁止の仮処分の内容を維持しており、②インターネット上のデータに関する仮の削除決定については、同様に被告M1が不服申立を行ったものの、異議審において掲載サイトの一部につき特定不十分とされたページを除き、当初の仮の削除の仮処分内容が維持され、現在保全抗告審の審理を終結した段階である。③仮差押決定については、これを不服とした被告Ｍ1により保全異議が申し立てられたものの、異議審は仮差押決定を維持し、現在保全抗告審の審理が続行中である。

3

部落差別については、①1975年に発覚した、いわゆる「部落地名総鑑事件」において、興信所などが秘密裏に作成した被差別部落のリストを入手した企業らが、新入社員の採用時に当該リストを参照して当該地区出身者の採用を忌避するなどの行為（就職差別）、②結婚相手の戸籍などを取得して出身者かどうかを確かめ、結婚相手が被差別部落出身であることが判明すると結婚を忌避する行為（結婚差別）、③地域交流において被差別部落の居住者に対し地域交流から排除する行為などが今なお横行しており、部落差別による被害は深刻・甚大な状況にある。

4

被告らの行為は、かかる深刻な部落差別を援助・助長するものであって、断じて許されない。

今般、各種の仮処分・仮差押の手続きにおいて、基本的には申立人（原告）の主張が認められ、仮の処分ではあるものの出版禁止とネット上での情報公開が禁じられていること、特に、2017年（平成29年）7月11日に発令された横浜地方裁判所相模原支部による異議棄却決定（以下「仮差押に対する保全異議決定」という）が原告らの主張を正面から認めていることを関係各所に報告する。

仮差押に対する保全異議決定は、①『復刻　全国部落調査』の出版やデータ提供行為が部落差別の形成・助長となることを直截に認め、②当該行為によって侵害される権利内容の1つとして「差別されない権利」につき「（そのような）名称を付すか否かはともかく、人格権…の1つとして保障される」として認め、③被告Ｍ1が上述したホームページの管理者であり、仮に被告Ｍ1が「部落解放同盟関係人物一覧」を作成した者でないとしても、ホームページに掲載したことによる賠償責任が生じる、と判断している。弁護団はかかる異議審決定を高く評価する。

5

2016年（平成28年）12月、被告らの行為を1つのきっかけとして「部落差別解消推進法」が制定、施行されている。

弁護団は、今後も本訴及び関連事件について勝利のために傾注するとともに、すべての差別がなくなる社会の実現に向けて多様な人たちとともに尽力することを誓うものである。

以上

全　国　2017年11月27日

主張　居直る鳥取ループ糾弾の裁判闘争に結集しよう

（「解放新聞中央版」2017年11月27日付）

主張　居直る鳥取ループ糾弾の裁判闘争に結集しよう

　「全国部落調査」復刻版出版事件裁判の第7回口頭弁論が12月25日に東京地裁でひらかれる。部落差別を助長・拡散する被告（鳥取ループ・示現舎・M）を徹底的に糾弾するため、全国から東京地裁での裁判に参加しよう。

1

　昨年4月に提訴してから、鳥取ループの裁判はすでに6回の口頭弁論がおこなわれた。6回にわたる裁判で、原告である部落解放同盟の主張と被告・鳥取ループ・Mの主張はほぼ出そろった。われわれ原告側の主張は一貫して明確だ。全国部落調査の復刻版の出版やインターネットへの掲載は、文字通り部落差別を拡散・助長するものだから即刻出版を禁止し、ネットへの掲載を削除せよというものである。これにたいしてMは、おもにつぎのような主張をくり返し、復刻版の出版やインターネットへの掲載を正当化してきた。

　1点目は、部落解放同盟は原告の資格がないという主張だ。Mは、「被差別部落出身者という身分は、法律上存在していないし、また社会的にも学術的にも定義が定まっていない」「従って解放同盟らが被差別部落出身者であることはあり得ない」などと主張する。2点目は、部落解放同盟は機関誌や図書で部落を何度も公表しているのに、いまさら禁止するのはおかしいという主張だ。Mは、「『部落』あるいは『同和地区』の場所は、いままで何度も出版物などで公表されてきた。それらの多くは、行政機関や原告解放同盟の関係団体によるものである」といっている。

　3点目は、「全国部落調査」に地名が出ていても差別の対象にはならないという主張だ。Mは、「部落の地名の公表等により実際に権利侵害を受けたというが、そのような事実は存在しない」と主張する。4点目は、部落解放同盟は「寝た子を起こす」ことを奨励してきたという主張だ。Mは「同和地区名を明らかにすることは、組坂繁之が主張した『寝た子を起こす』ことに他ならない」と揶揄（やゆ）している。5点目は、隣保館や集会所が目印になっており、隠してもすぐわかる、という主張だ。Mは、「同和対策事業で作られた隣保館や教育集会所など施設が同和地区の目印になっている」「すぐに分かるのだから隠しても無駄だ」と開き直っている。

　6点目は、「同和地区Wiki」は運営管理していないし、「部落解放同盟関係人物一覧」は作っていないという主張だ。Mは、「『同和地区・みんな』ドメイン（co.jpや.comといったホームページの住所のようなもの）を所有していただけであり、運営管理していた事実はない」「「解放同盟人物一覧」なるものが、どうやって作成されたのか被告らは関知しないところである」と逃げている。

7点目は、部落問題の解決のために公表することが必要だという主張だ。Mは「従って、部落に関する情報を徹底的に暴露して拡散し、部落問題に関する知識や議論の不平等をなくし、誰が「部落出身者」なのかという設定がいかにデタラメであるかを明らかにし、問題を「閉じ込める」のではなくて「希釈」することにより解決するしかないというのが、いかに部落問題を解決するかという問題についての被告等の結論である」と開き直っている。

2

Mの主張にはいくつか特徴がみられる。ひとつは部落差別そのものを否定していることだ。彼は「部落地名総鑑」について、「歴史的資料で差別図書ではない」「部落地名総鑑で被害は出ていない」という。また、戸籍不正取得事件（プライム事件）についても「どのように部落問題と関係しているのか明らかでない」「プライム事件は差別ではない」と差別性を否定している。最近、市町村の窓口に同和地区を教えてほしいという、いわゆる「同和地区の問い合わせ」が増えているが、これにたいしても「そもそも行政に情報提供を求めることは国民の権利」と問い合わせを正当化している。また、結婚差別にたいしても、「憲法で「両性の合意」のみが要件とされている以上、そこに部落差別が関係していても本人の判断に他人が介入することができない」とそれを正当化している。

もうひとつの特徴は、同和行政を頭から否定している点だ。統一応募用紙や公正採用選考人権啓発推進員制度にたいしては、「「部落問題解消のための活動をしていますよ」という言い訳作りにすぎない」といい、これらの制度は「徹底的に破壊され、冒瀆（ぼうとく）されてしかるべきである」とまでいっている。Mは文字通り差別の確信犯であり、煽動者である。

3

ところで、この裁判に関連して横浜地裁相模原支部は7月11日、Mの異議申立を却下し、被告（M）の不動産（マンション）の仮差押えをふたたび認可する決定をおこなった。

この裁判では、Mが、「部落解放同盟人物一覧」を掲載していないと逃げを打ったことが一つの争点になった。しかし、裁判所は「少なくとも債務者（M）は、本件人物一覧表等が掲載された「同和地区wiki」の記事について、これを削除したり、データの掲載停止を行うことが可能な権限を有していることは明らかであって、債務者（Ｍ）は「同和地区Wiki」の管理者であると認められる」とのべ、「管理者としての削除権限を有していながらも、この間「同和地区Wiki」から本件人物一覧表の削除をしなかったということは、結局のところこの間の債務者が、みずから本件人物一覧表を掲載していたと同視できるものであって、少なくともその管理者として、その掲載内容によって生じた損害に対する賠償責任を生じ得るものというべきである」とのべてＭの関与を認め、賠償責任があるとした。

また、権利侵害はないというＭの主張にたいして横浜地裁相模原支部の裁判官は、「全国部落調査の内容を、不特定多数の者に広く知らしめようとする行為は、債務者に差別助長の意図があるか否かにかかわらず、実際には差別意識の形成、増長、承継を助長する結果となるであろうことは明らかであるし、そうなれば、差別意識や差別的言動を撲滅しようとしてきた国家やこれに添う活動をしてきた個人や組織の長年の努力を、大きく損なうこととなりかねない」と指摘し、損害賠償請求権を認めた。この相模原支部の決定は重要な意義をもっている。今後の裁判のなかで十分に生かされるべきだ。

4

鳥取ループの「全国部落調査」復刻版出版事件裁判は、次回の口頭弁論で双方の主張が終了して、来年度の第8回口頭弁論から証人尋問に移る予定だ。

現在、原告249人の意見陳述書の作成作業が続いているが、弁護団はこのなかから複数の原告の証人申請をおこない、証人台に立って発言する機会をつくるよう裁判所に申請する予定だ。証人尋問では、Ｍのおこなっている行為がいかに極悪非道の所業であるか、いかに部落差別を拡散助長するものかを裁判官に訴えることになる。また、原告がみずからの被差別体験を語り、裁判官に部落差別の深刻な実態を訴えることも重要だ。

裁判はいよいよ核心に迫る段階に入る。「全国部落調査」復刻版出版事件裁判は、全国の部落出身者を差別から守る闘いであり、全国の部落差別をなくそうと努力してきた部落解放同盟はもちろん、国や地方自治体、企業や宗教団体、労働組合などの長年の成果を守る闘いだ。12月25日の第7回口頭弁論に全国から結集しよう。

　2017年12月25日

「全国部落調査」復刻版出版事件裁判第７回口頭弁論開かれる

（「解放新聞中央版」2018年1月15日付）

第1次の陳述書提出

ネット掲載しないよう要請

第７回口頭弁論

第７回口頭弁論後、報告集会をひらき裁判の現状と今後の方向を確認した（2017年12月25日・東京）

「全国部落調査」復刻版出版事件裁判の第7回口頭弁論が12月25日午前、東京地裁でひらかれ、110人が集まった。弁護団は、原告の陳述書のうち9人分を第1次分として提出し、6つ目の準備書面を口頭で説明して提出した。提出にあたり、原告の陳述書をインターネット上に掲載しないよう被告Mに求めたが、Mは聞いておくとして掲載しないとは答えなかった。

準備書面6は、部落への差別的情報が氾濫しているインターネットの現状、ネット検索で自分が部落出身だと初めて知るケース、差別の連鎖・再生産の実態、結婚差別・就職差別―差別身元調査など、ネット上の部落差別の特徴的な被害も報告。ネット社会の差別の特質と、Mらの行為のきわめて高い違法性、きわめて多大な損害の大きさ、の3点で主張を補足したもの。

Mらの行為には、部落所在地や個人情報に加え、司法救済を求める原告の陳述書なども公開して部落差別を助長した高い違法性があること。原告に電話したり原告の親族宅を訪問して経過をネット上に公開したことや、Mが公開した個人情報を使った可能性がきわめて高い凶器入り差別脅迫文書（2821号既報）などの犯罪が現実におきているなど、多大な被害が発生していることを指摘した。Mは5つ目の準備書面を口頭で説明し提出した。

次回は3月12日午後2時から。今回の報告集会は弁護士会館でひらき、110人が参加。指宿昭一、山本志都、中井雅人、河村健夫の各弁護士が報告し、片岡副委員長がまとめた。

全　国　2018年3月5日

主張　鳥取ループ・示現舎の復刻版差し止め裁判に結集しよう

（「解放新聞中央版」2018年3月5日付）

主張　鳥取ループ・示現舎の復刻版差し止め裁判に結集しよう

1

「全国部落調査」復刻版差し止め裁判の第8回口頭弁論が3月12日に東京地裁でひらかれる。部落差別を拡散・助長する被告（鳥取ループ・示現舎）を徹底的に糾弾し、法的社会的制裁を加えるために全国から東京地裁に参加しよう。

第７回口頭弁論後、報告集会をひらき裁判の現状と今後の方向を確認した（2017年12月25日・東京）

「全国部落調査」復刻版の出版差し止めとインターネットからの掲載削除、および損害賠償を求める裁判は、2016年4月に提訴してからすでに7回の口頭弁論がひらかれ、2年目に入った。裁判は双方の主張がほぼ出揃い、このあと証人尋問の段階へと移る。

証人尋問に向けて現在248人の原告全員が意見陳述書を作成しているが、この裁判では、鳥取ループ・示現舎による「全国部落調査」復刻版の出版やインターネットへの掲載が、いかに部落差別を拡散・助長するものかを裁判官に理解してもらうことがもっとも重要な鍵となる。裁判官が部落差別の深刻な実態を理解し、鳥取ループらの行為がどんなに罪深い行為であるかを理解しないかぎり、勝利をかちとることができない。そのために原告の意見陳述書は重要である。

弁護団は第1次分としてすでに9人の意見陳述書を提出しているが、いずれの陳述書にも原告一人ひとりの受けてきた被差別の体験がリアルに描かれている。差別は、人の一生に大きなダメージを与え、またその人の心に大きな傷を残す。ある原告は、結婚差別によって身近な人が死を選んだ事実を陳述書に掲載した。また、別の原告は職場でおきた差別投書事件にたいする糾弾闘争の狭間で、みずから命を絶った夫婦がいたことを淡淡と報告した。今回の裁判で、それまで封印してきた辛い体験を初めて語ったという人もいる。裁判官は、これら原告の被差別体験に謙虚に耳を傾けてほしい。

2

ところで、全国各地で「全国部落調査」のネット掲載によって新たな被害（差別事例）がつぎつぎと報告されている。

東京都では、昨年夏に「エタヒニンヨツの情報保持者様」などと書かれた差別手紙やハガキが東京都連や支部にたいして郵送されるという事件が続いたが、手紙には「鳥取ループのサイトは不正確な箇所がある」と書き込まれており、投稿者が鳥取ループのネット版「全国部落調査」を見て、正確な部落の所在地情報を送れと主張していることが報告されている。福岡県では、部落解放同盟筑後地区協議会の事務所に差別ハガキが送られているが、その文面に「インターネット版部落地名総鑑を閲覧しておりましたら、久留米市○町○○の地名が掲載されていませんでした。これは不当な差別だと存じます」とのべたうえで、その地区名を追加するよう求めている。一方、滋賀県からは、「全国部落調査」からコピーして県内の部落の所在地一覧表のチラシを作成し、シルバー人材センターの喫茶ルームに置いて自由に持ち帰れるようにした、という事件が報告されている。作成したのは人材センターに出入りする人物だが、喫茶室にやってくる高齢者に話題を提供するために作成したと説明している。

また、鳥取県のある町からは、ネットで所在地一覧を見た人物から同和地区かどうかの問い合わせ電話がかかってきたことが報告されている。電話の主は、自分の娘の結婚相手がその町の出身で、「ネットで調べたら同和地区一覧に出ている地名なので、本当にこの地区は同和地区かどうか、教えてほしい」と問い合わせてきたというのだ。

このように、いまネット版「全国部落調査」で部落の所在地を確認する事例が拡大している。

3

部落差別が現存するなかで、「全国部落調査」復刻版を出版し、ネットに所在地一覧を掲載する行為は、差別の助長・煽動そのものである。鳥取ループらは掲載しても実害はないと主張しているが、すでにみたように被害が広がっている。2012年のプライム事件では、探偵社が職務上請求書を偽造印刷して身元調査をしていた実態が浮き彫りになったが、主謀者のひとりは「お客さんの依頼の大半は、同和地区かどうか結婚相手の身元調査だった」と説明した。このような現状を考えれば、部落所在地一覧表をネットに掲載する行為は、文字どおり身元調査とそれにもとづく結婚差別や就職差別を煽動する許しがたい差別行為にほかならない。

　また、鳥取ループらの行為は、部落問題を解決するための行政や企業、宗教団体、労働組合などによる戦後のさまざまなとりくみの成果を台無しにする許しがたい行為だ。戦後70年間、部落差別をなくすためにさまざまなとりくみがおこなわれてきた。たとえば、就職差別撤廃のために統一応募用紙がつくられ、公正採用選考人権啓発推進員制度などができ、企業もまた自主的な研修をすすめてきた。最近では、身元調査を防止するために、住民票の写しや戸籍謄本などを代理人や第三者に交付した場合、その本人に通知する本人通知制度を採用する地方自治体が増え、差別調査をなくすために宅建業界はガイドラインを作成してきたが、鳥取ループらの所在地暴露はこうしたとりくみを根底から破壊する行為にほかならない。

4

この差し止め裁判は、裁判を通じて鳥取ループのMらの差別行為、犯罪行為を徹底的に断罪し、社会的な制裁を加える闘いである。

　権利侵害はないというMの主張にたいして横浜地裁相模原支部の裁判官は昨年7月、「全国部落調査の内容を、不特定多数の者に広く知らしめようとする行為は、債務者に差別助長の意図があるか否かにかかわらず、実際には差別意識の形成、増長、承継を助長する結果となるであろうことは明らかであるし、そうなれば、差別意識や差別的言動を撲滅しようとしてきた国家やこれに添う活動をしてきた個人や組織の長年の努力を、大きく損なうこととなりかねない」と指摘し、鳥取ループ・示現舎にたいする損害賠償請求権を認めた。

　東京地裁における本訴はいよいよ核心に迫る段階に入る。現在、原告の意見陳述書を作成する作業が続いているが、弁護団はこのなかから複数の原告の証人申請をおこない、証人台に立って発言する機会ができるよう裁判所に申請する。証人尋問では、鳥取ループ・示現舎の行為がいかに極悪非道の所業であるか、いかに部落差別を拡散・助長するものかを裁判官に訴える。

　「全国部落調査」復刻版差し止め裁判は、全国の部落出身者を差別から守る闘いであり、全国の部落差別をなくそうと努力してきた部落解放同盟はもちろん、国や地方自治体、企業や宗教団体、労働組合などの長年の成果を守る闘いだ。3月12日午後2時（午後1時15分、東京地裁前集合）からの第8回口頭弁論に全国から結集しよう。

全　国　2018年3月12日

「全国部落調査」復刻版出版事件裁判の第8回口頭弁論で第2次の陳述書提出

（「解放新聞中央版」2018年3月26日付）

第2次の陳述書提出

むきだしの差別意識を指摘

復刻版出版事件
第8回口頭弁論

▶第8回口頭弁論終了後、報告集会では闘いの現状を共有した（3月12日・東京）

「全国部落調査」復刻版出版事件裁判の第8回口頭弁論が3月12日午後、東京地裁でひらかれ、150人が集まった。原告の第2次の陳述書17通を提出し、原告らの証人尋問を請求。また、前回の被告Mらの「準備書面(5)」にたいし、Mらのむきだしの差別意識や、ツイッター投稿を削除する証拠隠し、などを指摘する準備書面7を提出した。

準備書面7では、復刻版のデータなどを載せたウェブサイトのMの責任については、すでに不動産仮差押に関する保全抗告審（東京高裁）で認められて確定しているにもかかわらず、Mが本審でも、ほぼ同一の主張で責任を否認していることを指摘。2016年3月28日のツイッター投稿で「突然ですが、同和地区Wiki管理人を辞めます」としていたMが、いつのまにか投稿を削除し、管理者ではなかったと主張している悪質さも指摘した。

また、結婚をめぐる部落出身者のカミングアウトについて「自分から「被差別部落出身」と言えば「面倒くさいやつ」「頭がおかしいのではないか」と思われても当然」としたMらのむきだしの差別心を指摘。黙っていない被差別者の排除を当然として、沈黙を強いる典型的な差別と指摘した。

報告集会を弁護士会館でひらき、現状を共有。フリージャーナリストの李信恵さんが連帯あいさつした。

被告Mは、今回も差別意識があらわな準備書面を提出し口頭で説明した。

次回は、5月28日に非公開の弁論準備の予定。

全　国　2018年4月16日

「全国部落調査」復刻版出版事件仮処分終結に際しての弁護団声明

（「解放新聞中央版」2018年4月30日付）

仮処分終結で弁護団が声明

「全国部落調査」復刻版出版事件で

「全国部落調査」復刻版出版事件（以下、「復刻版出版事件」という）の本訴（正式裁判）に先行して審理されていた3件の仮処分・仮差押決定が確定したことをふまえて、「全国部落調査」出版差止事件弁護団は4月16日、「仮の処分ではあるもののMの行為が不法行為であることを認める裁判所の判断が確定したことは、同種事件の発生防止に関し大きな意味がある」と声明文を発表した。

復刻版出版事件では、本訴に先行して①出版に関する出版禁止の仮処分決定（横浜地方裁判所　2016年3月28日決定）②インターネット上のデータに関する公表禁止と仮の削除決定（横浜地方裁判所相模原支部　2016年4月18日決定）③被告Mが所有するマンションと自動車にたいする仮差押決定（横浜地方裁判所相模原支部　2016年4月、同年7月）がおこなわれていたが、Mはこれらの決定のすべてにたいして保全異議申立て・保全抗告申立て・許可抗告申立て・特別抗告申立てなどの不服申立てをおこなったため、争っていた。

このうちふたつの仮処分決定にたいしては、東京高裁と最高裁はいずれもMの申立てを棄却した。また、仮差押決定にたいしても横浜地裁相模原支部と東京高裁は、Mの申立てをいずれも棄却した。なお、差し押さえについて、Mは東京高裁への許可抗告申立て・最高裁への特別抗告申立てをおこなわなかった。

弁護団は声明文で、「今般、各種の仮処分・仮差押の手続きにおいて、申立人（原告）の主張が認められ、…Mの行為が不法行為であることを認める裁判所の判断が確定したことは、同種事件の発生防止に関し大きな意味がある」とのべ、仮処分決定確定の意義を強調した。また、「Mらの行為を許さない広範な世論と運動がMらを次第に追い詰めつつある」とのべたうえで、「今後も本訴の勝利のために傾注するとともに、すべての差別がなくなる社会の実現に向けて多様な人たちとともに連帯し、共闘し、尽力することを誓うものである」と決意をのべた。

片岡明幸・裁判闘争本部事務局長は「緒戦は、完全に勝った。弁護団の尽力に感謝したい」とのべたうえで、「本訴での勝利をかちとるために、手を緩めることなく、組織をあげて鳥取ループ糾弾の闘いをすすめていきたい」と語った。

「全国部落調査」復刻版出版事件仮処分終結に際しての弁護団声明

2018年4月16日

「全国部落調査」復刻版出版事件裁判の第８回口頭弁論後の報告集会で当日の裁判の内容を共有した（３月12日・東京）

1．はじめに——

「全国部落調査」出版差止事件弁護団は、このたび、同事件の本訴（正式裁判）に先行して審理されていた3件の仮処分・仮差押決定に対して、加害の中心人物であるM（以下「M」という）が提起した各種不服申立て手続きを裁判所がすべて認めず、『全国部落調査』の出版を仮に禁止し、インターネット上で『全国部落調査』等のデータを配布することを仮に禁止し、Mの行為が不法行為を構成するとしてMの所有不動産を仮に差押える結論をいずれも維持し、確定したことを報告する。

2．「全国部落調査」復刻版出版事件の概要

「全国部落調査」復刻版出版事件とは、原告ら248名が、示現舎合同会社及びその経営者であるM・Msを被告として（以下当該3名をまとめて「被告ら」という）、①被告らが、政府外郭団体が1935年（昭和10年）に作成した同和地区に関する内部調査資料を『復刻 全国部落調査』と称して出版販売し、加えて、インターネット上のホームページ等でそのデータをダウンロードできるようにしたこと、②被告らが、運営するインターネット上のホームページに「部落解放同盟関係人物一覧」と題して、当該人物の承諾なく住所・電話番号・関係団体における役職等を掲載した行為について、原告らの人格権を侵害し不法行為を構成するとして、出版の禁止・ネット上のデータの削除・原告1名あたり1

10万円の損害賠償を請求する訴訟である（以下、「本訴」という）。

本訴に先行して、①出版に関する出版禁止の仮処分決定（横浜地方裁判所　平成28年3月28日決定）、②インターネット上のデータに関する公表禁止及び仮の削除決定（横浜地方裁判所相模原支部　平成28年4月18日決定）、③被告Mが所有するマンション及び自動車に対する仮差押決定（横浜地方裁判所相模原支部　平成28年4月、同年7月）が発令されているが、Mはこれらの決定について保全異議申立て・保全抗告申立て・許可抗告申立て・特別抗告申立てなどの不服申立てを行い、争っていた。

3．仮処分段階において、本訴原告らの主張が認められ確定したこと

仮処分等に対する不服申立てについて、①出版禁止の仮処分決定は、被告Mがこれを不服として異議申立・保全抗告申立を行ったが、裁判所は団体としての部落解放同盟の当事者適格を否定したほかは、当初の出版禁止の仮処分の内容を維持し、②インターネット上のデータに関する公表禁止及び仮の削除決定については、異議審において掲載サイトの一部につき特定不十分とされたページを除き、当初の仮の削除の仮処分内容が維持され、保全抗告審では原決定の時点で掲載サイトが削除されていたという認定を理由に仮の削除決定は取り消されたが、公表禁止は維持された。Mは①及び②事件（仮処分決定）については許可抗告申立て・特別抗告申立てを行ったものの、東京高等裁判所及び最高裁判所はいずれもMの申立てを棄却した。

③仮差押決定については、異議審及び保全抗告審はMの申立てをいずれも棄却し、Mは東京高等裁判所への許可抗告申立て・最高裁への特別抗告申立てを諦め、保全抗告審における仮差押維持の結論が確定した。

4．今なお深刻な状況にある部落差別問題

部落差別については、①1975年に発覚した、いわゆる「部落地名総鑑事件」において、興信所などが秘密裏に作成した被差別部落のリストを入手した企業らが、新入社員の採用時に当該リストを参照して当該地区出身者の採用を忌避するなどの行為（就職差別）、②結婚相手の戸籍などを取得して出身者かどうかを確かめ、結婚相手が被差別部落出身であることが判明すると結婚を忌避する行為（結婚差別）、③地域交流において被差別部落の居住者に対し地域交流から排除する行為などが今なお横行しており、部落差別による被害は深刻・甚大な状況にある。

5. 仮処分手続きなどにおける勝利が意味するもの

被告らの行為は、かかる深刻な部落差別を援助・助長するものであって、断じて許されない。

今般、各種の仮処分・仮差押の手続きにおいて、申立人（原告）の主張が認められ、仮の処分ではあるものの出版禁止とネット上での情報公開が禁じられ（原情報の一部を引用するなどの行為も広範に禁止されている」、仮差押手続きにおいてMの行為が不法行為であることを認める裁判所の判断が確定したことは、同種事件の発生防止に関し大きな意味がある。

特に、2017年（平成29年）7月11日に発令された横浜地方裁判所相模原支部による異議棄却決定（以下「仮差押に対する保全異議決定」という）が原告らの請求を正面から認め、保全抗告審がその判断を是認したことの意義は大きい。

仮差押に対する保全異議決定は、①『復刻 全国部落調査』の出版やデータ提供行為が部落差別の形成・助長となることを直截に認め、②当該行為によって侵害される権利内容の1つとして「差別されない権利」につき「（そのような）名称を付すか否かはともかく、人格権…の1つとして保障される」として認め、③被告Mが上述したホームページの管理者であり、仮に被告Mが「部落解放同盟関係人物一覧」を作成した者でないとしても、ホームページに掲載したことによる賠償責任が生じる、と判断している。弁護団はかかる異議審決定が保全抗告審の棄却決定により確定したことを大いに評価する。

また、この保全異議審及び保全抗告審の判断に対し、Mが許可抗告申立てなどを諦め、敗走を自認したことも注目に値する。Mらの行為を許さない広範な世論と運動がMらを次第に追い詰めつつあることを、弁護団は自信を持って報告する。

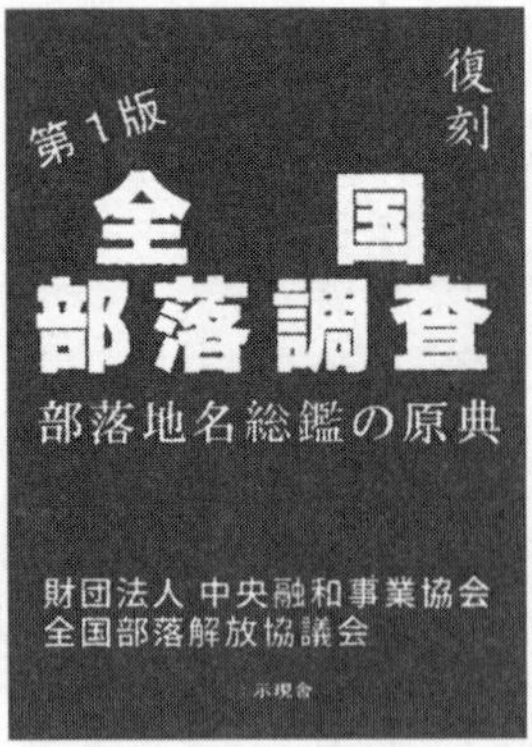

▶示現舎が発行しようとした「全国部落調査」復刻版の表紙。悪質きわまりない確信犯だ

6. おわりに——

2016年（平成28年）12月、被告らの行為を1つのきっかけとして「部落差別解消推進法」が制定、施行された。

弁護団は、今後も本訴の勝利のために傾注するとともに、すべての差別がなくなる社会の実現に向けて多様な人たちとともに連帯し、共闘し、尽力することを誓うものである。

以上

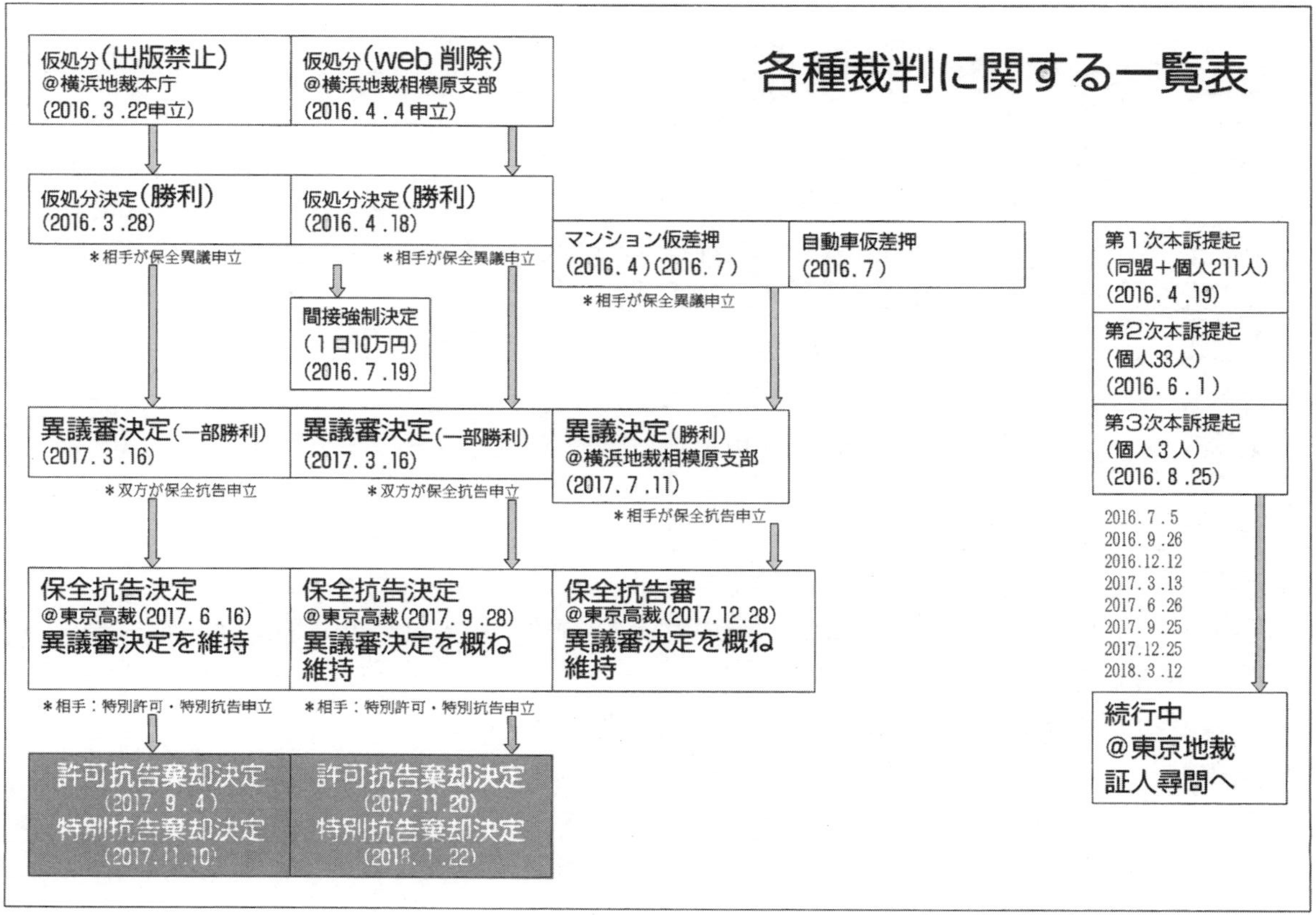
各種裁判に関する一覧表
仮処分(出版禁止)
@横浜地裁本庁
(2016. 3 .22申立)
仮処分(web 削除)
@横浜地裁相模原支部
(2016. 4 . 4 申立)
仮処分決定(勝利)
(2016. 3 .28)
仮処分決定(勝利)
(2016. 4 .18)
マンション仮差押
(2016. 4)(2016. 7)
自動車仮差押
(2016. 7)
＊相手が保全異議申立
＊相手が保全異議申立
＊相手が保全異議申立
間接強制決定
(1日10万円)
(2016. 7 .19)
異議審決定(一部勝利)
(2017. 3 .16)
異議審決定(一部勝利)
(2017. 3 .16)
異議決定(勝利)
@横浜地裁相模原支部
(2017. 7 .11)
＊双方が保全抗告申立
＊双方が保全抗告申立
＊相手が保全抗告申立
保全抗告決定
@東京高裁(2017. 6 .16)
異議審決定を維持
保全抗告決定
@東京高裁(2017. 9 .28)
異議審決定を概ね維持
保全抗告審
@東京高裁(2017.12.28)
異議審決定を概ね維持
＊相手：特別許可・特別抗告申立
＊相手：特別許可・特別抗告申立
許可抗告棄却決定
(2017. 9 . 4)
特別抗告棄却決定
(2017.11.10)
許可抗告棄却決定
(2017.11.20)
特別抗告棄却決定
(2018. 1 .22)
第1次本訴提起
(同盟＋個人211人)
(2016. 4 .19)
第2次本訴提起
(個人33人)
(2016. 6 . 1)
第3次本訴提起
(個人3人)
(2016. 8 .25)
2016. 7 . 5
2016. 9 .26
2016.12.12
2017. 3 .13
2017. 6 .26
2017. 9 .25
2017.12.25
2018. 3 .12
続行中
@東京地裁
証人尋問へ

東　京　2017年4月12日

許すな！「全国部落調査・復刻版」出版差別事件くにたち集会が開かれる

（「解放新聞中央版」2017年5月22日付）

復刻版許さず くにたち集会

経過と思いを共有

【東京支局】許すな！「全国部落調査・復刻版」出版差別事件くにたち集会が4月12日、国立市さくらホールでひらかれ、130人が参加した。

55団体180人が賛同してひらかれた集会は、主催者の実行委員会を代表して都連国立支部の小島正次・書記長があいさつ。裁判闘争の経過報告を中央本部の大西中執。つづいて裁判の原告になっている宮瀧順子・国立支部長が自作の歌を交え、差別を許さず胸を張って生きていきたいという思いを語った。

最後に、すべての差別を許さない闘いとして、さらなる運動の発展をよびかけて集会をまとめた。

なお、会場付近に示現舎の関係者が無神経にも現れたが、入場は断った。

戸籍謄本等不正取得事件

大　分　2017年12月7日

長崎市内の探偵業者による戸籍等不正取得が本人通知制度で発覚

（「解放新聞中央版」2018年1月29日付）

本人通知制度で発覚

偽造委任状での不正取得が

偽造した委任状を使って戸籍などを不正取得する事件が昨年12月7日、大分県佐伯（さいき）市で本人通知制度で発覚した。委任状を偽造して不正取得していたのは長崎市内の探偵業者で、不正取得は昨年1月中旬～2月上旬。有印私文書偽造・同行使、「住民基本台帳法」違反、「戸籍法」違反の容疑で逮捕された。

大分県内では全市町村で本人通知制度が導入済みだ。佐伯市でも導入していたために事件が発覚したが、同市は部落問題の窓口を昨年ようやく課として、人権・同和対策課を設けたばかり。かつて市町村合併以前には、実際に市内に被差別部落が存在するのに、被差別部落はない、といい続けてきた市でもある。大分県連は今年は2月に交渉をおこなう予定だ。

戸籍等が不正取得されている現実を教訓に、本人通知制度を全国的にいっそう拡大し充実させよう。

大分 2018年2月22日

偽造委任状による戸籍等不正取得事件で佐伯市交渉

（「解放新聞中央版」2018年4月9日付）

不正取得防止対策を

偽造委任状事件で市交渉

本人通知制度で発覚した事件ふまえ

【大分支局】大分県連は2月22日午後、佐伯（さいき）市との交渉をおこない、昨年12月に発覚した委任状を偽造した戸籍等不正取得事件（2844号既報）について情報提供の要請と、不正取得防止への対策について協議をおこなった。県連からは清田昌助・県連執行委員長はじめ執行役員が出席。市からは住民課はじめ全課の管理職が出席した。

交渉で市は、不正取得の経緯や、不正取得の動機、他の不正取得事案などについて警察からの情報提供を待っている状況であるとし、現時点で市として情報提供できるものはないと回答をおこなった。

また今後の不正取得防止の対策について市は、県内18市町村での住民課窓口の管理職の会議や管轄会議などの場で情報提供と防止対応策の検討をおこなっていきたいと報告した。

佐伯市の住民の戸籍や住民票が、長崎市内の探偵業者によって昨年1月中旬～2月上旬の期間に偽造委任状で取得され、市から本人への通知によって明らかになった事件。不正取得をおこなった探偵業者は「戸籍法違反」などで逮捕された。県内で本人通知制度を発端として戸籍等不正取得が明らかになったのは今回がはじめて。

県では2012年から全18市町村が順次、本人通知制度を導入してきた。不正取得の「抑止力」として機能してきた本人通知制度だが、第三者の取得後に本人に通知されるため、不正取得自体は防ぎにくいことが課題となっている。

大分県連は、第三者の取得前に本人に通知をおこなうなど、これまでの本人通知制度より一歩踏み込んだ制度改革の実施を要求。市は、県にも要望をおこなうとともに他自治体と協議し、不正取得の防止に向けて検討をすすめたいと回答した。

大　阪　2017年7月22日

大阪府連が民進党蓮舫代表による戸籍公開で民進党大阪府連に申し入れ

（「解放新聞大阪版」2017年8月5日付）

戸籍公開で申し入れ
民進党大阪府連に

　民進党の蓮舫代表（当時）が7月18日に記者会見で自らの戸籍の一部を公開した問題で府連は7月22日、民進党大阪府連に対して申し入れをおこなった。

　申し入れでは村井康利書記長が民進党大阪府連の平野博文代表に対して蓮舫代表による戸籍の一部公開が前例となり、今後様々な場面で同様の情報の公開に対する圧力が強まる危険性を指摘。解放同盟が戸籍を悪用した差別身元調査の根絶に長年とりくんできた歴史を踏まえて民進党としての対応を求めた。

村井書記長が平野代表に要請文を手渡した

　解放同盟では戸籍の公開・閲覧が差別身元調査の大きな原因となっていることを踏まえて閲覧制限や非公開に向けたとりくみを進めてきた。１９６８年の壬申戸籍の閲覧禁止にはじまり、１９７５年の部落地名総鑑発覚を受けて翌１９７６年には戸籍の原則公開が制限。１９８５年には全国で初めて大阪で興信所、探偵社による部落差別調査を禁止する条例が制定され、２００８年の戸籍法改正では不正を働いたものに対する刑罰が科されるとともに戸籍は原則非公開となった。

　申し入れではこうした経緯をふまえて民進党には家制度の名残りを根強く残す戸籍制度そのものの是非を問うことこそが求められていると指摘し、民進党府連として党本部や蓮舫代表に対して問題点を指摘することを重ねて要請した。

　18日の記者会見に先立ち中央本部では13日に民進党本部に対して「蓮舫代表の戸籍公開を求める一連の言動に抗議し、戸籍の公開を許さない申し入れと要請」をおこなっていた。

土地差別調査事件

東　京　2017年8月17日

不動産会社A社土地差別調査事件で事実確認会開く

（「解放新聞中央版」2017年10月2日付）

不動産会社A社土地差別調査事件

部落か問い合わせ

区役所に電話して発覚

【東京支局】不動産会社のA社土地差別調査事件の事実確認会が8月17日、東京・人権プラザでひらかれた。会社側からは持ち株会社の取締役、A社社長、常務取締役と社員が参加。部落解放同盟からは中央本部の大西中執、都連から長谷川三郎・委員長をはじめ三役などが出席した。

事実確認会では、事件の内容、発覚の経緯、顧客の差別意識、社内の人権研修状況などが明らかになった。

この土地差別調査事件は、5月8日、江戸川区にA社の営業店から「お客様から〇〇地区が同和地区ではないか調べたいといわれている。〇〇地区は同和地区か」と問い合わせの電話があり、発覚した。

営業店の社員は顧客と電子メールでやりとりをしており、その顧客は「街のことを調べたら〇〇が昔からある地域だと知った」「あまり大っぴらには聞けないことだが、西日本では未だ敬遠するので家族・親戚などの影響もあり尋ねた」。昔からある地域とは「いわゆる昔部落と言われた地域のこと」「自分で調べたところ、どうも該当しているような気がする」などと取得したい物件の所在地が部落なら排除する差別意識が明白であった。

このような顧客の差別的要望にたいして、社員は、それが部落差別であることを認識できず、江戸川区に問い合わせをした。その社員は部落問題について学校で習った気がする程度の認識で、社内研修もおこなわれていなかった。

A社が所属するグループ会社はコンプライアンス宣言をしており、社員の行動規範のなかで「私たちは差別やハラスメントなど人権を侵す行為を決して許しません」としていたものの、この行動規範を現実のものとする「推進体制」や「人権研修」などは整備されていなかった。A社は反省の意を示しており、「再発防止」をふくめて継続して話し合いをおこなっていく予定だ。

▼手前が差別の事実を認め反省を示す会社側（8月17日・東京）

東　京　2017年10月26日

不動産会社A社土地差別調査事件で事実確認・糾弾会開く

（「解放新聞東京版」2017年11月15日付）

土地差別調査を許さない 企業への転換を

ピタットハウス土地差別調査事件

ピタットハウス土地差別調　査事件の事実確認・糾弾会が、

10月26日、人権プラザで開催された。ピタットハウスからは、持ち株会社のスターツコーポレーション㈱取締役、スターツピタットハウス㈱社長、常務取締役が参加した。解放同盟からは、中央本部大西中執、都連からは長谷川委員長はじめ三役、江東支部金田書記長が出席した。

前回の事実確認会で、今日、顧客の差別的問い合わせに対しては、差別行為であることを理解させる、つまり、部落問題啓発が宅地建物取引業に要請されており、その実践を求めていた。ピタットハウスは8月26日、顧客に対して、「差別行為であることを理解」させるために電子メールで呼びかけだが、未だ返信はない。この状態のもとで、顧客が他の不動産業者で同様のことをしないよう、顧客の行為が部落出身者の尊厳をいかに奪い取るものであり差別行為が不当なものであることを再度顧客に伝えるよう要請した。

また、事件発覚以降、スターツグループ全社員に対してEラーニング等で研修を実施し、差別的問い合わせに対する対応を周知徹底したことが報告された。

さらにピタットハウスは「反省文」で、①スターツグループの「コンプライアンス宣言」では「差別やハラスメントなど人権を侵す行為をしないこと」を宣言しているが、「同和地区に関する調査、問い合わせに関する回答」が差別行為であることを社員に周知、徹底できなかったことを原因とした。②再発防止に向け、研修会やポスター掲示、社内外の告知などを通じて「コンプライアンス宣言」の差別を許さない理念を周知徹底していく。また、社長を本部長とする「人権推進体制」を確立し、「各種階層別研修」において継続して人権研修を実施するとした。

解放同盟からは、顧客への再度の啓発活動の実施と合わせて、「推進体制」を担う中心部署（リスクマネジメント部）の部落問題研修計画を確立すること、また、当事者団体や企業団体が取り組む人権イベントなどに積極的に参加することも研修の一環として組み入れることなどを求めた。

東　京　2018年3月6日

不動産会社A社土地差別調査事件で第２回糾弾会開く

（「解放新聞中央版」2018年5月28日付）

反省文を説明

土地差別事件のA社

【東京支局】不動産会社A社土地差別事件の第2回糾弾会（第1回は2017年10月24日）が3月6日、台東区・東京都人権プラザでひらかれた。会社側からは持ち株会社の取締役、A社社長、常務取締役が参加、部落解放同盟からは中央本部の大西中執、都連から長谷川三郎・委員長はじめ三役などが出席した。

A社は、顧客にたいして2回目の啓発メールを送ったが、返事はない旨の報告と、「反省文」の内容について説明した。

説明は①グループの「コンプライアンス（企業活動で社会規範に反することなく公正・公平に業務遂行すること）宣言」では「差別やハラスメントなど人権を侵す行為をしないこと」をとりあげているが、「同和地区に関する調査、問い合わせに関する回答」が差別行為であることを社員に周知徹底できなかったことが今回の事件の原因である②再発防止に向け、研修会やポスター掲示、社内外の告知などを通じて「コンプライアンス宣言」の差別を許さない理念を周知徹底していく。また、社長を本部長とする「人権推進体制」を確立し、「各種階層別研修」において継続して人権研修を実施するとした。

部落解放同盟からは、▽業界の主体的とりくみの推進に向け協力要請▽社内講師の養成や当事者の講師派遣など今後相談してすすめてほしい▽トップの姿勢が重要なので研修などでは最初にトップがその意義について語ってほしい▽研修などの実施報告を年1回おこなってほしい、などを要請し、A社は了承した。

A社にたいする糾弾会は今回で終了するが、根深い土地差別調査の根絶に向けて、業界の差別撤廃、人権確立に向けた積極的なとりくみと身元調査規制条例など規制もふくめた法制度的な措置が必要だ。

東　京　2018年1月24日

不動産会社A社土地差別調査事件で東京都と話し合い、法的な規制措置を求める

（「解放新聞中央版」2018年4月16日付）

A社土地差別調査で

求められる法的規制

東京都と話し合い

【東京支局】２０１７年５月に発覚した不動産会社Ａ社土地差別調査事件で、都連は１月24日、台東区・東京解放会館で東京都と話し合いをもった。都からは都市整備局と人権部、都連からは３役が出席した。

今回の事件は、Ａ社の江戸川店・担当者が、顧客の要望に応え、顧客が希望する取得物件の所在地が被差別部落かどうか、江戸川区に問い合わせして発覚した典型的な土地差別調査事件。第1回事実確認会（２０１７年８月17日）、第２回事実確認会・第１回糾弾会（10月24日）で、課題が明らかになったため、行政として課題をどう解決し、再発防止に向けた対策をどう確立するかをテーマに話し合った。

課題は、宅地建物取引業の社会的責務がまだまだ徹底されていない現実がある。担当者は部落についてほとんど理解していなかった。また、宅地宅物取引業士の免許取得時に研修が実施されていない問題が浮かびあがった。５年ごとの免許更新時には「法定研修」があるものの、免許取得２、３年の担当者は「法定研修」の体験もなかった。

話し合いのなかで、都側は、人権啓発のとりくみがＡ社の社内で徹底されていなかったことが事件発生の原因だとして、あらためて業界団体に注意喚起の文書やリーフレットを配布するなどのとりくみをおこなったことを明らかにした。

また、今後は①宅地建物取引士証の新規交付時に啓発リーフレットを配布②「差別につながる土地調査」チラシを業界団体を通じ全会員事業所へ配布③業界団体非加盟業者にたいして都主催の人権講習会を実施④業界団体の会報誌に人権啓発の記事を掲載、の４点を示した。

都連からは、業界の主体的なとりくみを促す都の指導が必要、法定研修の講師育成や選定に向けたとりくみ、人権啓発だけでなく法的な規制措置が求められる、と提起した。

京都　二〇一七年四月二七日

福知山市空き家バンク差別事件

（京都府連調べ）

福知山市では、移住促進のため、空き家バンク制度をつくって売買や賃貸などの対応をしている。そのなかで、所有者による部落出身者を排除する発言が起きた。二〇一七年四月二六日、入居希望者から市役所に電話で問い合わせがあった。翌二七日朝、所有者から賃貸条件についての電話があり、そのなかで「今回申し込んだ人が同和地区出身か分からないか。同和地区の人間だと入って来てもらっては困る」とか「身元調査はしてもらえないのか」との発言があった。その後、五月一日には空き家バンク取り消しの申し出があった。市が幾度か訪問したものの不在で、九日になって面談が実現、一二日にも聞き取りと啓発をおこなった。

京都　二〇一七年一二月一二日

京都府庁への部落問い合わせ事件

（京都府連調べ）

二〇一七年一二月一二日、京都市内のどこに部落があるのか問い合わせる電話が京都府庁にかかってきた。「京都市内で家を購入する予定で、子どもがいるため、学区に同和地区が含まれるのか気になった。インターネットで調べてみるといろんな情報がでているが、本当のところがどうなのかわからないので電話をした」というものであった。男性は「自分自身は気にしていない」とか「歴史的経過の中で差別があったこともわかっている」と言いながらも、「市内の人に聞くと『いろいろ難しいところはある』と言われる。インターネットに書かれていることが全て正しいとは思っていない」と言って電話を切った。

兵庫　二〇一七年八月

ひょうご部落解放・人権研究所に部落問い合わせ電話

（兵庫県連調べ）

二〇一七年八月、ひょうご部落解放・人権研究所に「今度、新長田に引越すが、そこが部落かどうか教えてほしい。〇〇町〇丁目は部落なんですか？」と四〇～五〇歳代の女性が電話をかけてきた。「どういう意図でそれについてお知りになりたいのですか。それは差別調査ですよ」と研究所職員が対応すると「なぜ教えてくれないんですか。そういうことを研究しているんでしょ！」と一方的に喋り、電話は切られた。

鳥取　二〇一七年九月一四日

Y不動産店長が土地差別問合せ

（鳥取県連調べ）

Y不動産店長が、「A地区にある〇〇通りは同和地区かどうか教えて欲しい」と、鳥取市人権推進課を訪れた。理由は、顧客からの問い合わせがあり、答えてあげたいからということであった。本人は同和教育を受けたが覚えておらず、このような問い合わせが差別であることの認識もなかった。顧客の要望から、同和地区かどうかを確認しており、同和地区を忌避する差別意識の根強さの存在と、部落問題の無関心が、「調べる」という差別行為に転嫁している。

公的機関・職員による差別事件

全　国　2017年12月11日

中央本部が日本維新の会共同代表の片山虎之助参議院議員による「特殊部落」発言に抗議と申し入れ

（「解放新聞中央版」2017年12月18日付）

日本維新の会共同代表　片山虎之助参議院議員による「特殊部落」発言に対する抗議と申し入れ

共同通信が12月8日付で、同日、日本維新の会共同代表の片山虎之助・参院議員が同会会合で「国会は特殊部落」との趣旨の発言のあと、すぐに「部落という言葉は良くないけど」とのべた、と報じた。これにたいし、中央本部は抗議と申し入れをした。全文を掲載する。

日頃より、部落問題をはじめとする人権問題の解決にむけて取り組んでおられることに敬意と感謝を申し上げます。

さて、12月8日付の共同通信によれば、12月8日、共同代表に就任されている日本維新の会の会合において、以下のような発言があったと報道されています。

「片山氏は維新独自で多数の議員立法を特別国会に提出しながら、いずれも審議入りしなかった現状を巡り『やり方を考えないといけない。本数でなく中身を絞って、どこかの党と取引しないと。国会はそういうところなんですね。特殊部落ですから」と述べた。続けて『部落という言葉は良くないけど』と語った。」

私たち部落解放同盟は、「特殊部落」という表現が、1922年の全国水平社創立以来の闘いのなかで、多くの場合、被差別部落に対する差別意識のもとに使用されており、差別を助長、拡大するものであるとして、抗議と糾弾闘争に取り組んできました。今回の場合では、国会での法案審議のあり方について、社会的常識の通じない運営がおこなわれているということを表すために「特殊部落ですから」と述べられており、明らかに被差別部落に対する差別発言であり、断固抗議し、発言の撤回と今回の発言についての見解文を求めるものであります。

今日、私たち部落解放同盟は、部落差別の撤廃にむけて、昨年12月16日に公布、施行された「部落差別解消推進法」の活用、具体化にむけた取り組みを全国的にすすめているところであります。とくに「部落差別解消推進法」は、今日においても部落差別がきびしく存在するとして、「部落差別は社会悪」であることを明確にし、国や自治体が、問題解決にむけて積極的な施策をとることを目的に、日本の維新の会も含めた賛成多数で成立したものです。

また、片山虎之助・共同代

表自身、2002年3月に刊行された『同和行政史』（発行：総務省大臣官房地域改善対策室）において、当時の同和行政の担当である総務大臣として「本史の刊行に際し、これまでの同和行政に対して深いご理解とご尽力いただいた関係各位に、厚く御礼を申し上げます」との「序」を著しておられます。

　このように、長らく内閣や政党の要職に就かれてきた片山虎之助・共同代表の「特殊部落発言」に関して、私たち部落解放同盟は、強い憤りと深い憂慮とともに、今日の部落差別意識の根深い存在と、部落問題の解決にむけた政治責任の重要性をあらためてきびしく指摘しなければなりません。

　さらに、片山虎之助・共同代表は、この「特殊部落」発言の後に、「部落という言葉は良くないけど」と発言されています。私たちは、「部落」という言葉を使用したことではなく、被差別部落のマイナスイメージや差別性を了解した上で、法案審議が自分たちの思うようにすすまないことで、常識の通じないやり方をしないといけないという国会の存在を「特殊部落」発言で顕著に表現したことに抗議しており、「部落という言葉は良くないけど」という発言そのものが、部落差別問題を全く理解していないことの証左となっています。

　私たちは、今回の差別発言が、まさに「部落差別解消推進法」の制定にむけた日本維新の会を含む各政党の努力や、これまでの部落解放（同和）行政の成果を踏みにじるものであり、党の要職、国会議員としてのこうした差別発言が与える大きな影響も考慮すべきであると考えます。

　つきましては、今回の私たち部落解放同盟の抗議と申し入れの趣旨を真摯に受け止めていただき、差別発言の撤回と謝罪、見解文の提出につきまして、誠意ある対応を強く申し入れます。

以　上

日本維新の会
共同代表　参議院議員
片山　虎之助　様

２０１７年12月11日
部落解放同盟中央本部
執行委員長　組坂　繁之
書記長　西島　藤彦

全　国　2018年1月31日

日本維新の会共同代表の片山虎之助参議院議員による「特殊部落」発言で反省と見解を求める

（「解放新聞中央版」2018年2月19日付）

議員に面会し抗議

参院での「特殊部落」発言で

「許されない差別発言であった」と片山議員

日本維新の会共同代表の片山虎之助・参議院議員が、昨年12月8日、党の会合で、維新の会が提出している議員立法がまったく審議されなかったことについて、そうした国会の状況を「特殊部落ですから」と発言した。

この差別発言にたいして、1月31日、坂本副委員長、西島書記長、赤井財務委員長、大西総務部長が都内の参議院議員会館議員室で、片山参議院議員と面談、厳しく抗議するとともに、反省と見解を求めた。

西島書記長が、すでに昨年12月11日に組坂中央執行委員長名で送付した「抗議と申し入れ」の内容をあらためて説明、「維新の会が「部落差別解消推進法」制定にも協力し、片山参議院議員自身が、かつて同和対策担当の総務大臣であった経歴を考えると、今回の差別発言は言語道断」と強く抗議した。片山参議院議員は、会合で、国会での議員立法の審議状況を説明するときに発言したことを認め、「すぐに取り消したとはいえ、許されない差別発言であった。皆さんのご指摘どおり」と謝罪した。

坂本副委員長が、兵庫での、この間の維新の会所属の国会議員とのやりとりを報告。赤井財務委員長も、当時の橋下徹・大阪市長を取りあげた差別記事の糾弾闘争などを説明、維新の会自身がきちんとした姿勢で部落問題解決に向けたとりくみをすすめてほしいと、それぞれ要請した。

こうした抗議と要請を受けて、片山参議院議員は、総務大臣のほかにも、自治省時代の振興課長や岡山県副知事などを経験するなかで、「部落問題を理解してきたつもりだったが、今回、皆さんのご指摘の内容をしっかりと受けとめたい」と反省を表明。

西島書記長が「抗議、申し入れの趣旨と発言の差別性は十分理解してもらったと思う。政党の役員、国会議員の差別発言ということで、同盟としても重く捉えている。今後は、部落差別撤廃の立場でのとりくみ、発言を要請したい」とまとめ、あらためて反省内容を文章で提出するように求めた。なお、話し合いには、日本維新の会の馬場伸幸・幹事長（衆議院議員）が同席した。

香　川　2017年9月6日

高松地裁丸亀支部が香川県議会議員選挙公報差別事件での啓発チラシ名誉毀損請求を棄却

（「解放新聞中央版」2017年11月6日付）

選挙公報差別事件で町行政の啓発に
Kへの名誉毀損は棄却

高松地裁
丸亀支部

誤った情報を訂正と裁判所が判決で

【香川支局】2015年4月におこなわれた香川県議会議員選挙で仲多度郡第1選挙区（琴平町、まんのう町）から立候補したK（落選）が選挙公報に「警察庁の発表では、暴力団員の六割が同和地区出身者です。この数字は明らかに、これまでの同和行政が間違っていたことを示しています」という政見を記載。この差別的な選挙公報が選挙区内の1万1050世帯に配布された事件で、選挙後、部落差別を誘発、助長される恐れがあると判断した琴平町、まんのう町が両町長連名で、啓発チラシを全戸配布した。

これにたいし、Kがチラシ配布により名誉を毀損されたとして琴平町に損害賠償を求めていた。

9月6日、高松地方裁判所丸亀支部（三上乃理子・裁判長）は、Kの請求を棄却した。

判決で、①啓発チラシは政見内容を全文引用していることからKだと特定できるが、チラシを受けとった者へ「部落責任論」について説明したもの②町の「部落差別撤廃・人権擁護条例」の趣旨にもとづき、同和問題に関する誤った情報を訂正、周知するとともに、条例の趣旨にもとづいた啓発活動の一環③警察庁発表が存在すると誤信した有権者において、同和地区関係者への差別が助長される可能性があることを指摘するもので、行政上の必要性が認められるとの判断を示した。

琴平町の関係者は「啓発チラシでK本人をおとしめるのではなく、町民にたいし同和問題を正しく認識してもらうのが目的」とし、「裁判所が、町条例の趣旨にもとづく啓発活動と認めてくれた」と語った。

なお、Kは判決を不服として控訴した。また、まんのう町にたいしても損害賠償を求めている。

香川　2018年3月22日

高松高裁、高松地裁丸亀支部が香川県議会議員選挙公報差別事件での啓発チラシ名誉毀損請求を棄却

（「解放新聞中央版」2018年5月21日付）

Kの請求を棄却

差別的政見に啓発認める

【香川支局】2015年4月におこなわれた香川県議会議員選挙で中多度1区から立候補したK（落選）が選挙公報で「警察庁の発表では、暴力団の六割が同和地区出身者です。この数字は明らかに、これまでの同和行政が間違っていたことを示します」と差別的な政見をおこない、選挙区内1万1050世帯に配布された事件（2833号7ページ既報）で、部落差別が誘発、助長される恐れがあると判断した琴平町、まんのう町が両町長連名による啓発チラシを全戸配布した。これにたいし、名誉が毀損されたとしてKが両町に損害賠償請求をおこなっていた裁判で、3月22日、高松高裁（琴平町）、高松地裁丸亀支部（まんのう町）で判決があり、いずれもKの訴えを棄却。Kが上訴、控訴しなかったため確定した。

県連からは高松高裁に和泉義博・委員長と岡田剛・執行委員、高松地裁丸亀支部に藤本篤哉・執行委員がそれぞれ傍聴をした。

両判決ともに、①政見内容を見た町民が同和地区関係者の多くが暴力団関係者であると誤信する者もいる可能性を否定できない②同和地区関係者への差別が助長される可能性があることから、啓発チラシの配布は▽警察庁発表が存在しない▽差別の助長を防ぐために行政上の必要性・権限が認められる▽啓発チラシの配布は違法性を認められない、と裁判所が判断し、Kの請求をいずれも棄却する内容となった。

差別投書・落書き・電話

全　国　2017年3月～5月

三重県連や中央本部などに凶器入りの脅迫文書が届く

（「解放新聞中央版」2017年7月31日付）

凶器入りで脅迫文書 3～5月に連続して

三重県連や本部などに

開け口内側に刃物を仕込み

差別脅迫文書をアイスピックやナイフ、ナイフの刃先など一緒に封筒に入れて郵便で送りつける事件が3～5月に連続9件発生した。消印は三重県の四日市西と四日市。5月に福岡県の組坂委員長の自宅に届いた封筒には、開け口の内側に2枚の刃物が仕込まれており、開封時、組坂委員長は右親指に傷を負った。「これ以上平民怒らせたらこれぐらいでは済まないよ」など書かれたA4判の手紙が同封されていた。

送りつけられた先は合計5か所。三重県連に3月14日～4月14日の消印で5通が届いたのをはじめ、4月19日消印で中央本部大阪事務所、4月29日消印で中央本部と解放新聞社、5月2日消印で組坂委員長の自宅に届いた。最初の2通の宛先は、不明の個人や元三重県連委員長（故人）で、差出人に三重県連の名前が使われており、切手を貼っておらず料金不足であるとして三重県連に届けられた。

入れられた凶器は2種類のアイスピック、ナイフ、デザインナイフの刃先、カッターナイフの刃など。

組坂委員長は「カッターナイフなど意図的に危害を加えようとするきわめて悪質で卑劣な差別投書。いまだに根深い差別意識が存在することを広く社会に訴えていかなければならない」とコメント。真相究明に向けて三重県連と連携してとりくむこととしている。

東　京　2017年4月21日

台東区内の児童公園公衆トイレで差別落書き

（「解放新聞東京版」2017年6月1日付）

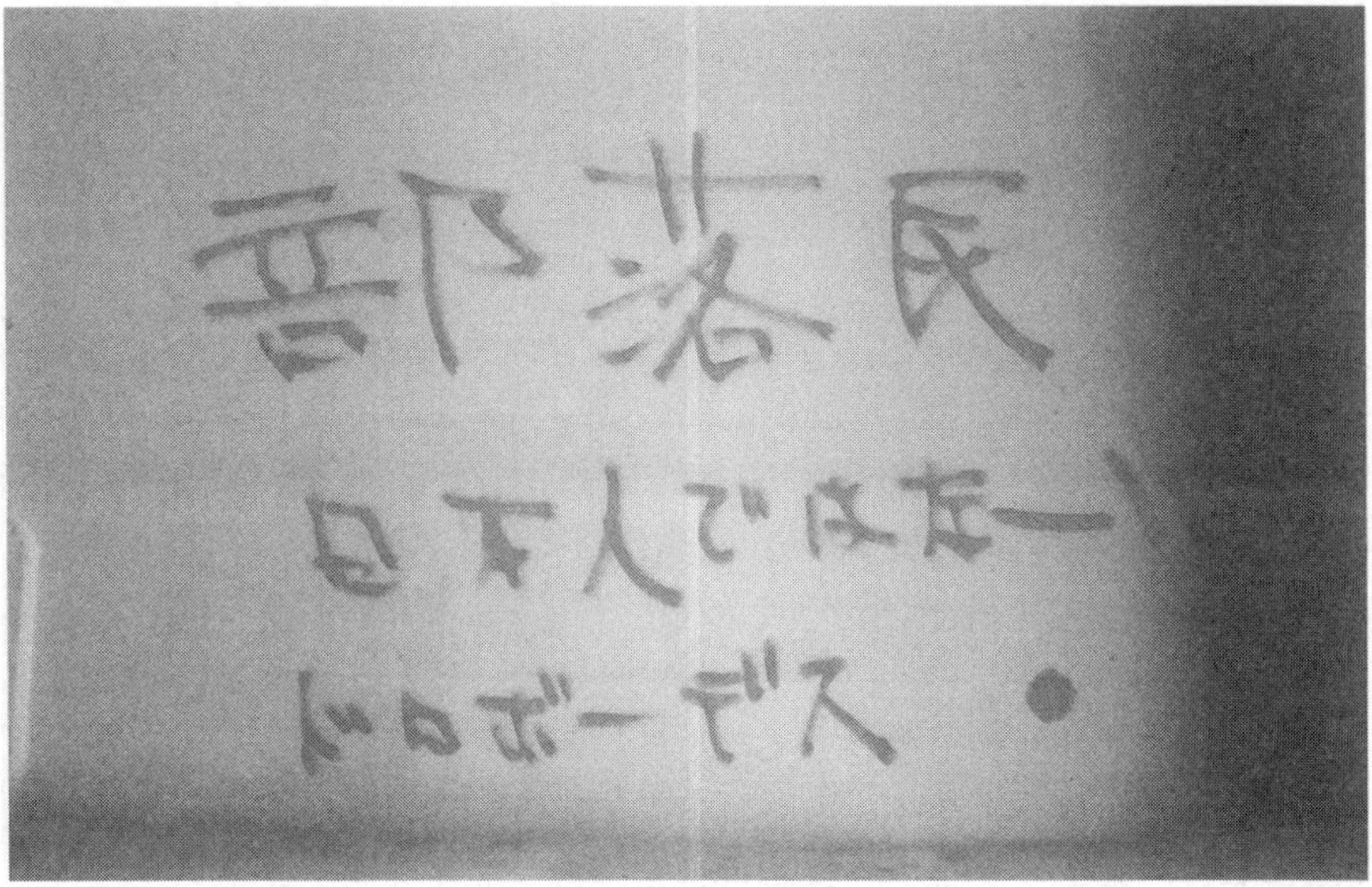

教育と啓発の強化を

台東区内で差別落書

悪質な差別落書が4月21日、台東区立黒門児童公園内公衆トイレで発見された。発見者は区立公園巡回警備巡回員。差別落書は、トイレ内オムツ交換台に赤字で書かれており、「部落民　日本人ではなーい　ドロボーデス」という悪質なものであった。台東区人権・男女共同参画課、部落解放同盟台東支部、公園巡回警備業務の受託業者、最寄りの交番の警察官で現場確認を行い、落書を消去。また、台東区は「差別落書は人権を侵害する行為であり許されない。発見した場合は連絡を」という警告文を掲示した。さらに、交番には再発防止にむけパトロールの強化を依頼した。

葛飾区の連続差別落書事件をはじめ、最近、都営住宅内、江東区、練馬区、港区などで悪質な差別落書が相次いでいる。公的空間への落書は、書いた本人の社会への意思表示であり、差別的メッセージの宣伝、扇動である。このような差別落書が放置される社会は、差別を容認する危険な社会である。

「部落差別解消推進法」が成立し「部落差別は社会悪であり許されないもの」であることが、改めて社会のルールとなった。「法」の理念を実現する部落差別撤廃に向けた教育・啓発の強化が求められている。

（台東支部）

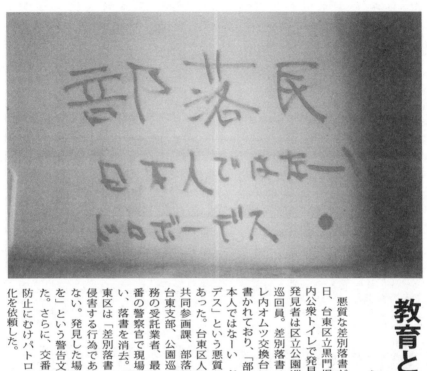

東　京　2017年6月14日

練馬区内の公園で差別落書きが頻発

（「解放新聞東京版」2017年8月1日付）

練馬区内公園で頻発

悪質な差別落書

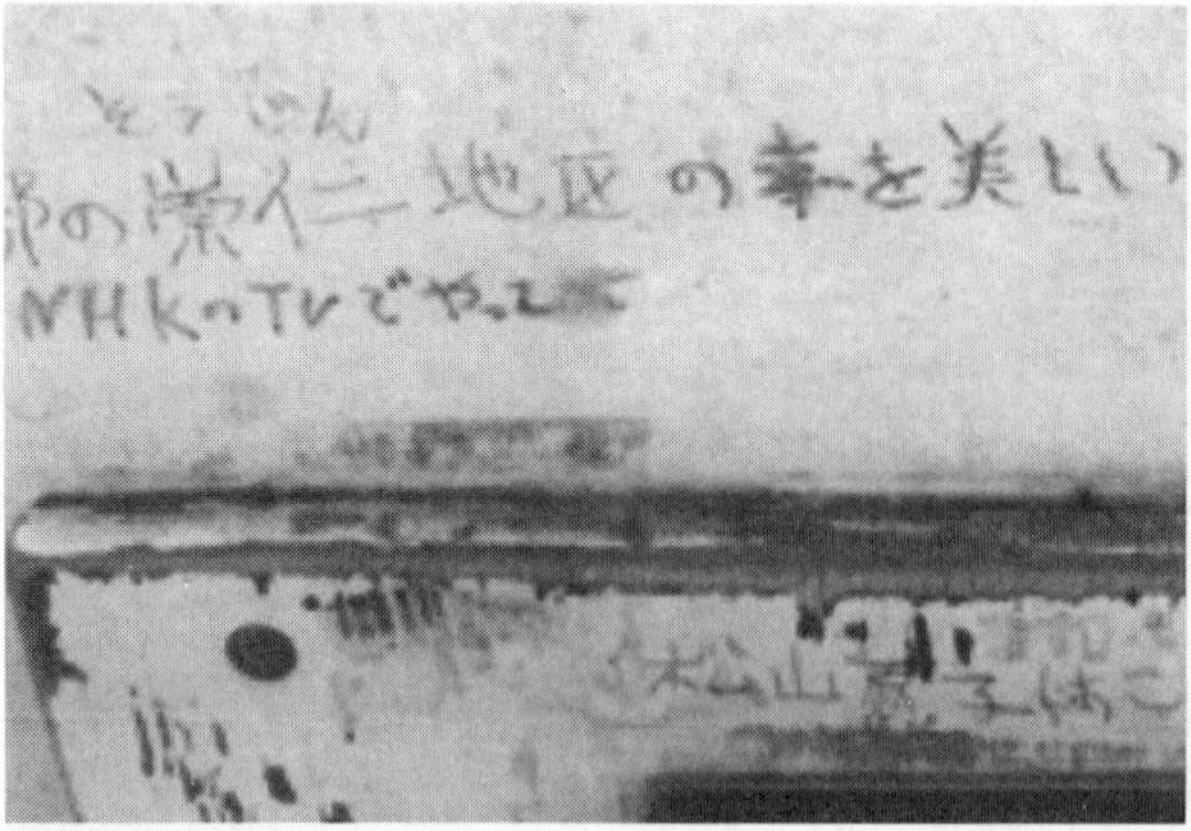

差別落書きが頻発している　練馬区内の豊玉中地区の公園で6月14日に新たな落書きが発見された。「京都の崇神地区の事を美しい部落だ　H29年5月のTVでやって」（ママ）というもの。5月10日に京都市の崇神地区の紹介がNHKで放送された事に触発されたものと推定される。これは2015年5月頃から光が丘地区で発生し、同年8月頃から、豊玉中地区に集中しだした差別落書きと同一人物が書いたと思われる。今回は極端に差別的な文言ではないが、今までの「土人　部落差別があるから日本社会は成り立つと大坂（ママ）市警官がいってたよ」（16年11月25日発見）「大坂警察？？部落差別発言　発表」「大坂土人部落は美しい」（16年10月25日発見）大阪部落　土人部落」（16年11月18日発見）「差別と偏見の町　大阪市　生野区西成区」（16年11月8日発見）という前例のように、「本心」から崇神地区が美しいなんて思っていないのは明らかだ。ましてや去年の落書きでは沖縄・高江での大阪府警機動隊員の差別発言を肯定するもので、部落差別と沖縄に対する二重の差別と偏見という許せない内容だった。

差別落書きの最初は去年の3月に「非人」というものが発見された以外は「朝鮮人の〇〇はドロボーだと△△がいってたよ」（15年9月11日発見）という在日韓国・朝鮮人への差別落書が大半だった。

これらの落書きは、昨年成立した「部落差別解消推進法」や「ヘイトスピーチ解消法」の精神に真っ向から挑戦するものであり、許すことができない。支部は、区としてこの落書きは、許されない差別行為だと、区長名で区民に明らかにするよう申し入れていた。区は、区報への掲載も含め何らかの形で実現したいと回答している。

練馬支部は、広範な人々、とりわけ在日韓国・朝鮮人への差別に反対する人たち、ヤマトの沖縄に対する差別的対応に怒りを持っている人たちと、この問題に取り組んでいきたい。（練馬支部）

東　京 2017年7月8日～18日

東京都連、支部に悪質な差別投書、鳥取ループが差別を誘発

（「解放新聞東京版」2017年11月15日付）

都連、支部に悪質な差別投書
「鳥取ループ」が差別を誘発

都連宛にハガキ10通、封書7通の悪質な差別投書が7月8日から13日にかけて届いた。同様の投書は、中央本部、解放新聞社、神奈川県連にも届いている。宛名には「エタヒニンヨツの情報保持者さま」「食肉屋屠殺屋 皮革屋の個人名保持者さま」などと書かれ、挑戦的で、敵対的な意思を露わにしている。また封書の内容も「穢れたエタヒニンを解放するな」とか「部落民は子孫を残すな」、そして、「部落地名総鑑を48冊人事部に送付しろ」など差別意識を全面展開したような内容であり、差別主義者を決して許してはならない。

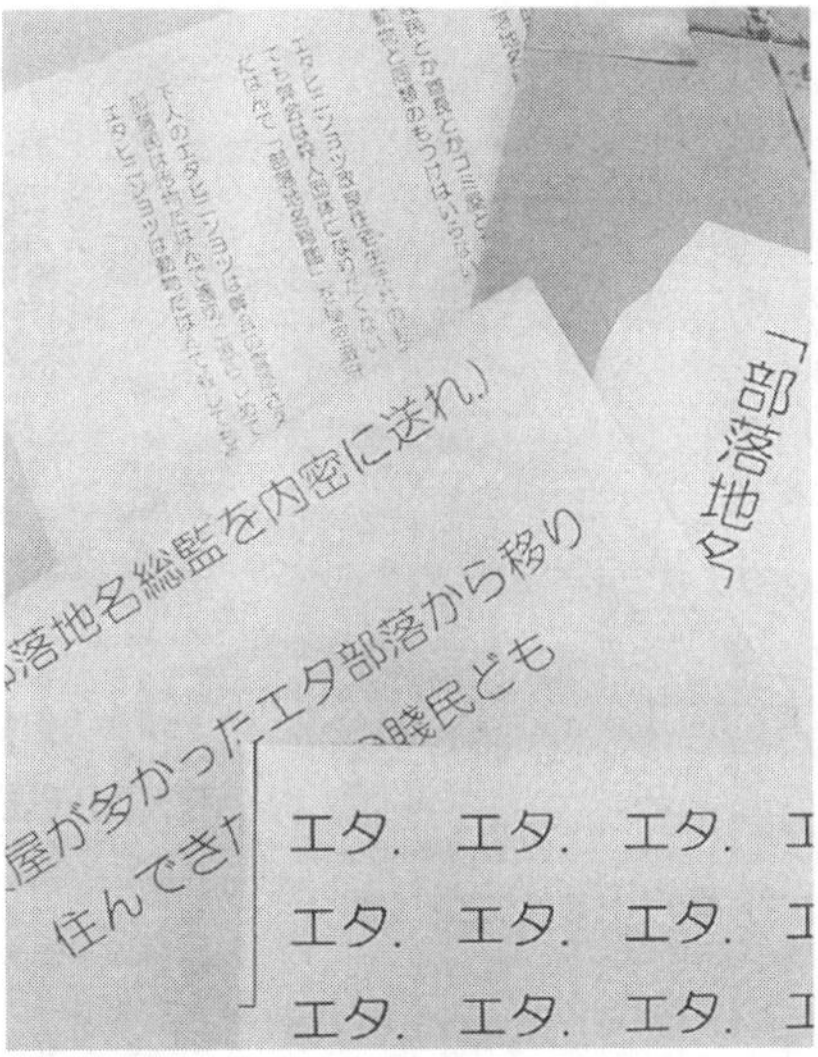

悪質な差別投書

都連だけではなく荒川支部、墨田支部にも7月18日付けで同じ人物から差別投書が届いた。その内容も極めて悪質だが、注目すべきは「鳥取ループさんのサイトは不正確な箇所があるようですので」と記載されていることである。差別投書をした人物は、「鳥取ループ」のサイトを見て、不正確なので、「正しい」部落地名総鑑を送れと主張していることが文面から読み取れる。この人物は第1に、部落の所在地を調べるために「鳥取ループ」のサイトを見ていること。第2に、そこから誘発されて、都連などに差別投書を送付する行為にいたったといえる。逆に言えば、「鳥取ループ」、宮部の差別行為が、差別の連鎖を生み出している。差別が差別を生む危険な社会を決してつくってはならない。

東　京　2017年12月26日　2018年1月8日

江東区立深川図書館内で連続差別落書きが発生

（「解放新聞東京版」2018年2月1日付）

江東区立深川図書館内において連続した差別落書が発生

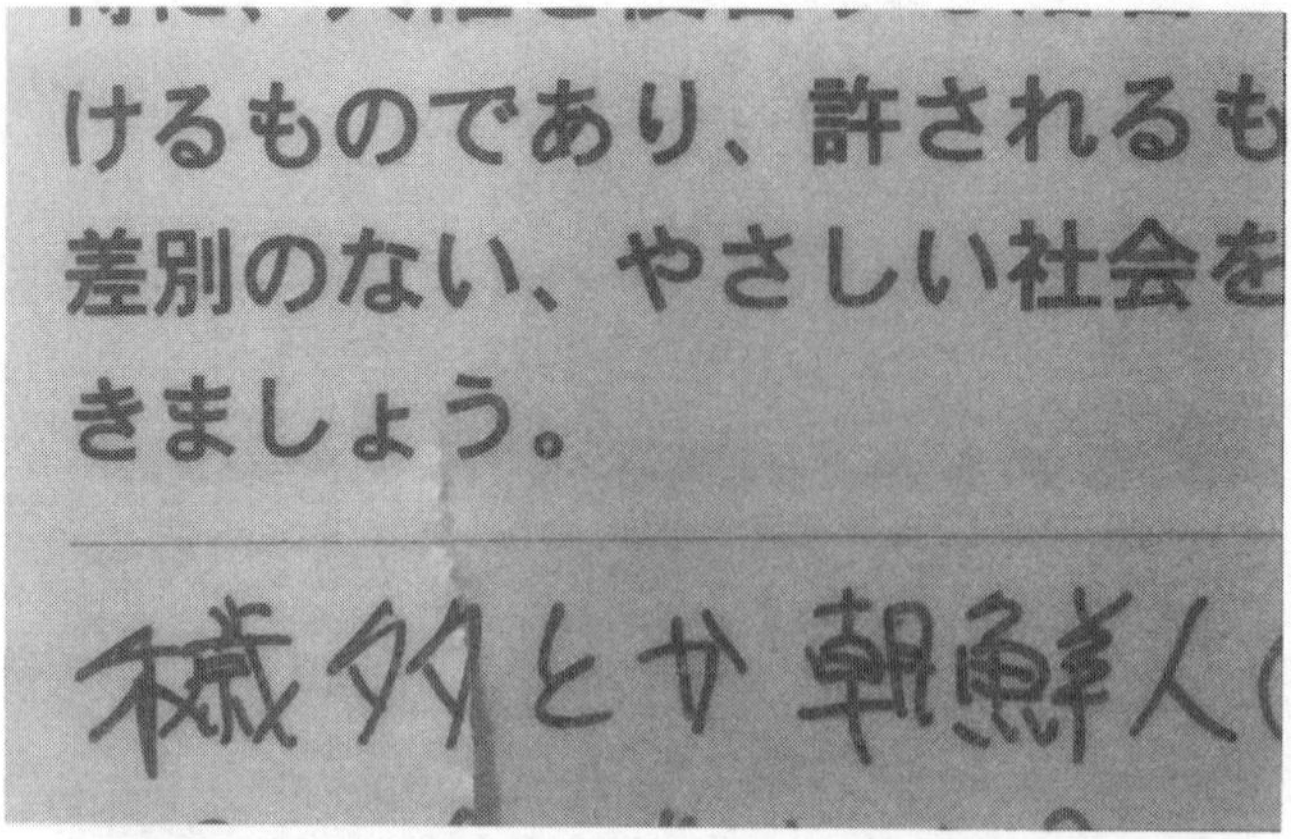

深川図書館トイレで起きた差別落書に対する警告文に書かれた悪質な差別落書

昨年12月26日、江東区立深川図書館1階男子トイレ内最奥の個室扉内側に貼られていた落書き等に対する警告文下部に「穢多とか朝鮮人（○○○○）のことですか？」と被差別部落民及び朝鮮人に対する蔑称を用いた差別落書きがされていることを同図書館業務委託職員が発見した。江東区は、同区人権推進課による写真撮影及び確認後、直ちに落書きされた警告文をはがし新しい落書き禁止警告文を同じ位置に掲示した。しかしながら、本年1月8日再び同図書館1階男子一般トイレ個室の扉内側の警告文貼り紙下部に、「それは江東区に多い朝鮮人のこと？（○○○○）との差別落書きがされているのを同図書館業務委託職員が発見した。同図書館は祝日のため、写真撮影のうえ貼り紙をはがし、江東区人権推進課に写真添付しメールで報告した。

1月10日、同区人権推進課と深川図書館により協議し、連続してトイレ個室内扉内側へ掲示した警告文へ差別落書きがされたため、個室内では落書きが容易であることから、男子トイレ入口に警告文を掲示することとした。

江東区では、この差別落書きについて、東京都人権部に報告するとともに、引続き啓発を強化していくとしています。

【江東区の警告文】

《館内・館外巡回強化中》

落書きは刑法第261条により処罰される対象の行為です。特に、人権を侵害する落書きは、人の心を傷つけるものであり、許されるものではありません。差別のない、やさしい社会をみんなで築いていきましょう。

滋　賀　2017年8月28日

草津市内A地区の個人宅への部落差別手紙投函事件で対策会議

（「解放新聞中央版」2017年12月18日付）

草津市で差別手紙が

「出て行け」と

【滋賀支局】草津市内A地区の個人宅への部落差別手紙投函事件の対策会議がこのほど草津市・橋岡会館でひらかれた。橋岡支部の役員、市行政の職員が出席し、事件の集約と今後のとりくみを確認した。

　事件の概要は、2014年8月17日午後7時頃、A地区に住むBさん宅のポストに茶封筒にはいった差別手紙があるのを、同じ地区に住んでいる実母のCさんが発見した。

　手紙の内容は、Bさんの子どもの声が「うるさくて寝られん」などと書いたあとに「所詮、部落のCのところの出来の悪い娘の糞ガキだから育ちが悪いのは当然だ」「AからCと共に出て行け。Aに部落の人間はいらん」という部落にたいする差別・偏見に満ちあふれ、排除するという悪意に満ちたものだった。

　その後の調査で、A地区に最近引っ越してきたDさん宅にも、部落差別の文言はないものの、「引っ越しの挨拶もない。村八分にされたいようやな」などと脅迫そのものの手紙が投函されていたことが判明。

　2つの手紙は、同一人物が投函した可能性があり、A地区に在住している可能性もある。

　対策会議では、支部から①事件は腹いせのなかで部落差別の誤った観念が出てきたもの②いまだ部落差別が多発している現実を行政として、しっかり直視することが必要③教育・啓発を粘り強くすすめていくことが大切④差別行為者にも、差別で苦しんでいる人が存在していることを知ってほしい、などと問題提起した。

　行政からは、「A地区において自治会主体の人権学習会が開催できるように支援していく。市としても啓発を点検して、このような事件が再発しないよう、さらにとりくみをすすめていく」と回答した。

広　島　2017年11月

呉市で再び162枚の差別紙片がばらまかれる

（「解放新聞広島県版」2017年12月5日付）

呉市で再び差別紙片

第7回県連執行委員会

第7回県連執行委員会が11月18日、三原市人権文化センターで行われた。

連絡事項は、部落解放広島県共闘会議のフィールドワークの日程や世界人権宣言記念集会、２０１８年荊冠旗開きの日程等を確認。

協議事項は、差別事件について協議するなかで、２００５年から呉市内などで差別紙片事件が連続していたが、今年11月初め、再び悪質な内容の紙片が呉市内で１６２枚がばらまかれたものが発見されたことが報告された。この件については、行政等と緊密な連携を取りながら取り組みを進めることを確認。

また、本願寺派の経典内の「旃陀羅」問題について、11月24日に本願寺派から３人、県連から３人と中央本部と同席で協議をすることを確認した。

そのほか、中央本部第75回定期大会の役員選出について、選挙管理委員会を設置する議案も了承された。

広島　2017年

竹原市長選挙にからむ差別文書事件

（「解放新聞広島県版」2018年4月25日付）

主張

法務省（局）の姿勢を糾していこう

昨年12月に実施された竹原市長選挙直前、不特定多数の市民に差別文書が送られる事件が起きた。内容は、「市長候補者〇〇についての懸念事項」として「〇〇が部落出身者で結婚を反対されたものの…部落がばれないように〇〇に住居を構えました」などと特定の立候補予定者を部落出身者だと決めつけ、部落に対する社会意識としての差別観念を利用し、貶めようとするものであった。

部落解放同盟竹原市協議会は、竹原市と広島法務局東広島支局に対し、この文書の差別性を明らかにするとともに、「部落差別解消推進法」をふまえた取り組み、このような差別事件が起きないための街づくりなどを文書で申し入れた。

竹原市からは文書で回答があった。そしてその中で、「このことは、被差別部落に対する差別観念を利用し、市民の中にある差別意識を煽る悪質かつ卑劣な行為で、決して許されることではありません」「部落差別をはじめとするあらゆる差別の解消に関する施策を行ってまいります」としている。

一方、広島法務局東広島支局は、広島法務局と相談し、後日回答したいとし、後に口頭で「あの文書は、ひどい中身であると思っている。竹原市における啓発を行う」という趣旨の回答があった。竹原市協の「差別文書であり、啓発を行うということになったということでいいのですね」という質問に、「そう受け止めてもらって結構です」と述べたものの、「この電話をもって回答にさせてほしい」と、どこまでも書面での回答を避ける姿勢を示した。

これに対し、竹原市協は、文書による回答を求め、何回かやり取りをしたが、結局東広島支局は、広島法務局と協議した結果だとして、「全国においても、いかなる情報提供者にも文書で回答していない。また、すでに口頭で回答しているので、文書での回答はしない」というものであった。当然竹原市協は、「私たちは、単なる情報提供者ではない。内容は悪質な部落差別であり、被差別当事者として、文書での回答を求め、文書での申し入れを行った。文書での回答ができないというのは納得できない。その理由を納得のできるように説明してほしい」と申し入れた。

しかし、「文書での回答はできない。要望についての回答は、繰り返しとなる」との答えに終始した。

法務局については、尾道市のある事業者に対して「穢多の第2第3世代元暴走族のチンピラが経営している」とのインターネットへの差別書き込み事件でも尾道支局に対応能力がなく、広島法務局にいちいち問い合わせて回答する始末であった。そして結論は「第三者からの訴えは受けられない」というものであった。

被差別当事者からの訴えに真摯に向き合うことなく、被差別当事者を被差別当事者として認めず、差別被差別の関係を認めない法務省（局）の人権侵犯事件に対する姿勢を世論の力で糾していかなければならない。（S・O）

福　岡　2018年2月23日

隣保館に差別落書、筑紫地協京町支部が緊急集会ひらく

（「解放新聞中央版」2018年3月12日付）

隣保館に差別落書

筑紫地協京町支部　緊急集会ひらく

【福岡支局】筑紫地協は2月22日、地協内の京町支部の重要な活動拠点である隣保館の壁に、差別落書があったことを明らかにした。

発見したのは同じ敷地内の児童館の館長で、建物裏の畑の手入れをしようとしたときに見つけた。その内容は壁の3か所、13枚のタイルに、マジックのようなもので「エタ　ヒニン　ケガレタチ」、「エッタ死ね　エタ　ヒニン　ケガレ」、「同和行政反対　エッタ死ね　FK」など、賤称語が書き連ねられている。

報告を受けた京町支部は翌23日、学校関係者や行政関係者を交え60人が集まって緊急の支部集会をひらき、事件の概要を共有し今後の対応について協議した。集会に先立って落書きの現場を目の当たりにした参加者からは強い憤りの意見や、今後のとりくみを強めていく決意が相次いだ。

地元の筑紫野市役所では、昨年11月に土地問い合わせの電話もおきていた。内容は「筑紫野市には部落の人が通う保育園があると聞いたけれど、どこですか」「ネットで筑紫野市は部落が多いって書いているのを見て知っています」「治安も悪いし、部落の人って「穢多」とか「非人」でしょ」「私は自分の子どもを貧民層と一緒の保育園にいかせたくないんです」など差別に満ちたものだった。

筑紫地協では、これらの確信犯的で、日常的におきる部落差別事件にたいして「部落差別解消推進法」を活かして、部落差別の現実を多くの人に知らせ、啓発を強め、世論を高め、悪質な差別犯を包囲していくこととしている。

緊急支部集会に参加した青年は、「今回、自分たちの活動の拠点である隣保館を狙い撃ちした差別落書は絶対に許せない」「どんな悪質な差別であっても絶対に負けたくない。だからこれまで以上に解放運動をすすめていく」と決意を語った。

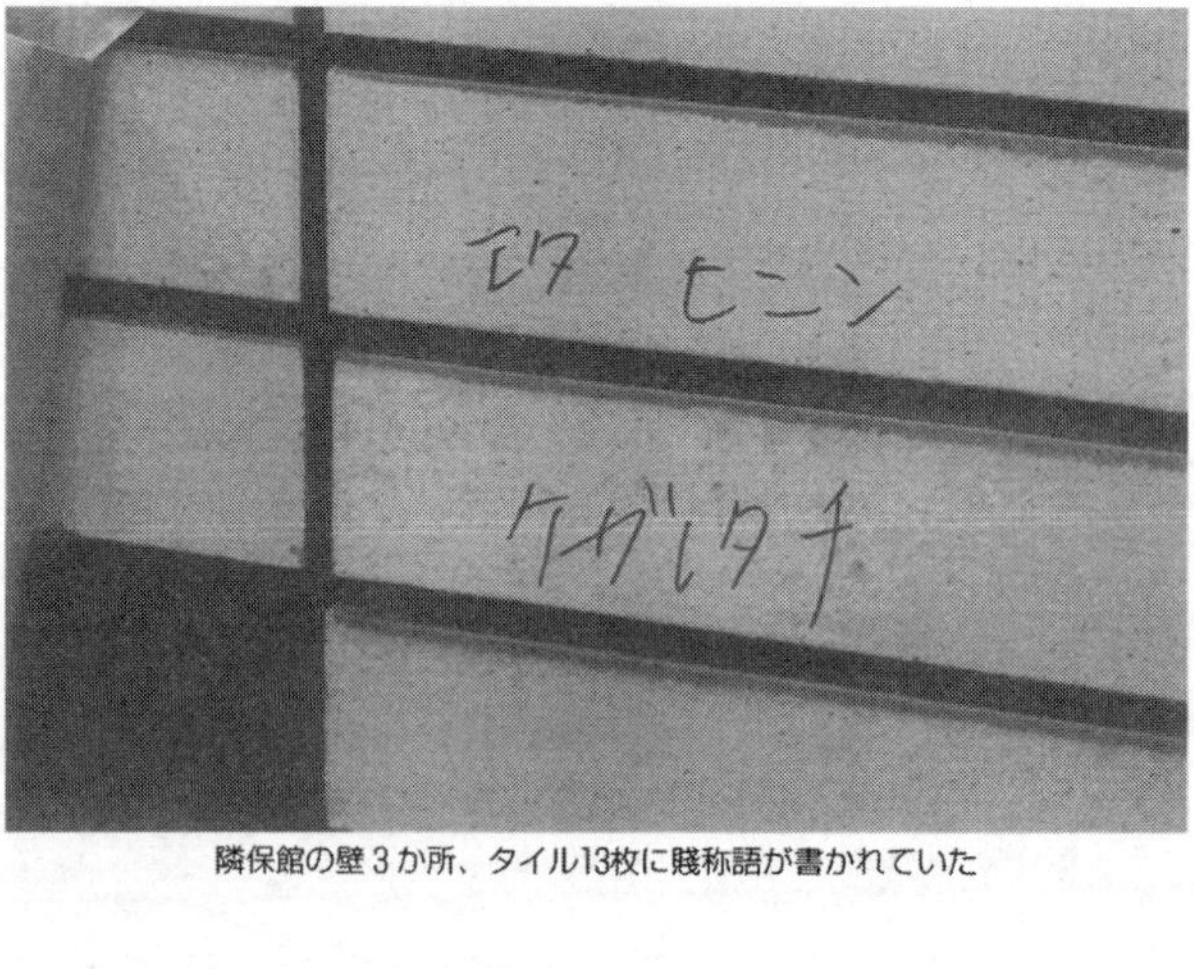

隣保館の壁３か所、タイル13枚に賤称語が書かれていた

全国 二〇一七年一二月

各県連に差別ハガキ届く

（中央本部調べ）

部落解放同盟のさまざまな県連に、ＪＡ共済連全国本部人事部の名を騙り、「人間様より下層にうごめく動物（＝部落民）はほんつけなしだはんで…部落穢多村に出自を持つ人間は採用で絶対に不合格にしてやるはんで…」等、被差別部落出身者に対する差別言辞を書き連ね、就職差別を促がす内容のハガキが郵送で届いた。消印は、一二月一九日、東京千歳郵便局（世田谷区）のもの。同じような差別ハガキが、全国の部落解放同盟の事務所にも届けられている。

京都 二〇一七年四月二四日

向日市で差別ステッカー

（京都府連調べ）

四月二四日、向日市内で民家に差別ステッカーが貼られているのが発見された。向日市の市議会議員が市の秘書課に、市内の民家で差別ステッカーを見つけたと報告。「被差別部落民お断り」と記したステッカーが住宅の玄関ポストの支柱に貼り付けられているのを発見した、というもので、撮影した画像も見せた。そこで、市も当該住宅を訪問してステッカーが貼られているのを確認。その後、帰宅した家主に事情を聴いたところ、家族を含め身に覚えがないこと、今気づき、いつから貼付されていたか不明で、不審な電話等もなかった、とのことであった。

京都　二〇一七年一〇月六日

向日市への部落問い合わせ事件

（京都府連調べ）

二〇一七年一〇月六日、向日市に部落かどうかを問い合わせる電話が入った。「向日市内に教育集会所はあるか」「向日市に部落地域はあるか」というものであった。職員が「部落地域の有無についてはお答えできません」と返すと「ほな、教育集会所という施設はないんですね」と言って電話を切った。電話をかけてきたのは男性で、六〇～七〇歳の印象とのことであった。

京都　二〇一七年一二月一九日　二〇一八年二月一二日

アルプラザ宇治東店連続差別貼紙

（京都府連調べ）

宇治市菟道平町にあるアルプラザ宇治東店内で、差別貼紙が連続して見つかった。

（1）二〇一七年一二月一九日、マクドナルド店の窓ガラスに、外側から「当店では部落の人の入店をお断りしています。法務局」と書かれた紙が貼り付けられていた。A6サイズのメモ帳を用いたものであった。

（2）つづいて二〇一八年二月一二日、マクドナルドの店舗北側入口付近の壁面に「当店では在日韓国人、中国人、同和の人の入店をお断りしています。マクドナルド店長」と書かれた紙が貼り付けられていた。A5サイズのメモ帳であった。

なお、差別貼紙とまではいえないものの、アルプラザ店の北東にある駐車場の誘導看板の裏側に「部落差別　やられたらやり返せ！！」と書かれた紙が貼り付けられているのが二月二五日に発見された。マクドナルドの向かい側になる。

大和郡山市役所への差別的内容の電話相談

奈良　二〇一七年一〇月一八日

（奈良県連調べ）

二〇一七年一〇月一八日午前九時三〇分頃、大和郡山市の人権施策推進課に「同和地区問い合わせにかかる事象」として女性Aから匿名で電話相談があった。相談者Aの住む女性Bが「奈良市に住んでいる息子が教育委員会関係で、家を建てるときは息子に聞けば同和地区とか部落がすぐにわかる」と話していたが、「公務員が同和地区や部落の場所を教えてもいいのか、公務員ならどこが部落かすべてわかるのか」という内容の電話であった。また、Bが隣に住む女性Cのことを「あの人は同和地区出身である」と話していたのを聞いたことがあるとも話した。対応した市職員が公務員には守秘義務があること、地区問い合わせには答えないこと、問い合わせ自体が部落差別になること等を説明すると相談者Aは一方的に電話を切った。

近鉄橿原神宮前駅男子トイレ内差別落書き

奈良　二〇一七年一一月二四日

（奈良県連調べ）

二〇一七年一一月二四日午前五時一〇分頃、近鉄橿原神宮前駅構内の男子トイレ個室内の扉に差別落書きがあるのを始発点検していた駅助役が発見した。内容は以下のとおり。

〇〇〇〇は
同和がキライです
死ねアホエタ

※黒色鉛筆またはシャープペンシルで書かれていた。

鳥取　二〇一八年一月一九日

電信柱に差別貼り紙

（鳥取県連調べ）

A地区の住民が、民家の間に立っている電信柱に「よつは、正月だというのに猫を殺す。…差別される。蔑視される。見てください、埒のない家だから」と書かれている貼り紙を発見した。その後、近くの公園の電信柱にも、同じような内容の貼り紙が以前あったことが分かった。部落差別を利用した、いやがらせ貼り紙事件と言える。しかし、以前あった貼り紙の時は、部落差別だと気づかずにいたこともわかった。どんなことが、差別であるのか認識されていない実態があることを示した事件である。

福岡　二〇一七年七月二一日

復興ボランティアにかかわる差別電話

（福岡県連調べ）

二〇一七年七月におこった九州北部豪雨災害にかかわって、朝倉地区人権啓発情報センターに、「部落には復興ボランティアに行きたくないので教えてほしい」という趣旨の差別電話がかかってきた。未曾有の大水害のなか、同じように被害にあっているにもかかわらず、復興支援のボランティアの対象から被差別部落を排除するという今回の事件は、部落に対する差別意識が、いかにむごい行為に走らせるのかを痛感させられる事例である。

福岡 二〇一七年七月二四日

福岡市への差別電話

（福岡県連調べ）

福岡市にも匿名の差別電話がかかっている。「町中で非常に不潔な被差別部落の人間を見たら写真にとっていいか」「病原菌をばらまいてひどいことになる。隔離しなければならない」「不潔な人間は被差別部落の者が多い」「被差別部落の人間は見たらわかる。顔つきが違う」「あなた（職員）の話し方は被差別部落の人間の典型だ」などと、きわめて悪質な発言であった。

福岡 二〇一七年一一月二七日

筑紫野市への差別電話

（福岡県連調べ）

筑紫野市では、行政への匿名の電話がかかってきた。「部落の人が通う保育園があると聞いたけど、どこですか。」「部落の人って『穢多』とか『非人』でしょ。」「私は自分の子どもを貧民層と一緒の保育園に行かせたくないんです！」という内容。

インターネットによる差別事件

全　国　2017年11月16日

「ネットの電話帳」裁判で大阪高裁が鳥取ループ・Mに個人情報の削除と損害賠償を命じる判決

（「解放新聞山口版」2017年12月15日付）

プライバシー侵害

計11万円の損害賠償

「解放同盟員人物一覧」にも悪用

鳥取ループのMが作成した「ネットの電話帳」の裁判で11月16日、大阪高裁は原告の訴えを認め、被告Mに対し原告の個人情報の削除と5万5千円の損害賠償を命じた。

「ネットの電話帳」に本人の了解なく、原告の名前・住所・電話番号等の個人情報を掲載したことはプライバシー侵害にあたり「違法である」と判断が下された。

また、被告Mが裁判資料をネット公開し、原告の名前・住所・電話番号・郵便番号などの個人情報を特設サイトに掲載した事に対しても、削除命令と5万5千円の損害賠償を命じた。

「ネットの電話帳」は「解放同盟関係人物一覧」でも悪用されており、今後の「復刻版」裁判にも影響する重要な判決となった。

■「ネットの電話帳」

「ネットの電話帳」(旧「住所でポン」)は、NTTの電話帳(ハローページ)に掲載されている全国の個人情報(名前・住所・電話番号)を無断で利用し、住所順に並び替え、ネット検索を可能にしたサイトである。

このサイトを悪用し、「解放同盟員関係人物一覧」も作成されている。

解放同盟の支部長や役員等の名前が分かれば、「ネットの電話帳」で検索し、自宅住所や電話番号などが、ネット上に掲載されている。

山口県連をはじめ全国の同盟員などの自宅住所や電話番号などが次々とネット公開されている元になっている。

■原告の名前・住所・電話番号（裁判資料）をネット上に晒す

裁判中、被告Mは、特設サイトを作り、原告の氏名・自宅住所・電話番号・郵便番号等が掲載された訴訟資料をネット公開してきた。

一審の京都地裁の判決(本年4月25日)では、訴訟資料のネット掲載は住所・電話番号は不許可として原告の氏名のみは掲載を認めた。しかし、二審の大阪高裁では、原告の氏名も掲載を不許可とした。

被告Mは、「復刻版」裁判でも同様の行為をおこなっており、出版禁止・サイト掲載禁止の仮処分を求めた原告らの住所や本籍地等を示現舎のサイトで公開してきた。

訴訟資料に掲載されている個人情報(名前や住所等)を「本人同意」なくネット掲載することはプライバシー侵害であり「違法」であるという高裁判決が出た意義は、「復刻版」裁判にとっても大きな意味を持つ。

■判決のポイント

①書籍とネットは違う

すでに電話帳に掲載(公開)されている個人

「ネットの電話帳」は

鳥取ループ・Mに削除命令

情報（氏名・住所・電話番号）だからという理由で、ネット上に掲載することは許されない。

判決ではネット上への無断掲載は「不特定多数の者からのアクセスが容易になり、生活の平穏について不安を抱く者がいることは否定できない。」「本人が、自己が欲しない他者にみだりにこれを公開されたくない情報であると認められる」として、プライバシーの侵害に該当すると判断した。この判例を踏まえれば「解放同盟員人物一覧」でも同様の事がいえる。

[redacted] 名誉顧問 山口県萩市[redacted]3区4660 0838-25-[redacted]
[redacted] 副委員長 山口県徳山市[redacted]寺2976-5 0834-25-[redacted]
[redacted] 財務委員長、萩支部長 山口県萩市[redacted]3区4663 0838-25-[redacted]
[redacted] 会計監査 山口県宇部市[redacted]-2 0836-41-[redacted]
[redacted] 会計監査 山口県宇部市[redacted]-15 0836-41-[redacted]
[redacted] 執行委員、柳井支部長 山口県柳井市[redacted]-1 TEL0820-23-[redacted]
[redacted] 執行委員 山口県柳井市[redacted]3 0820-23-[redacted]
[redacted] 執行委員 山口県徳山市[redacted]3 0834-22-[redacted]
[redacted] 執行委員 山口県下松市[redacted] 0833-43-[redacted]
[redacted] 執行委員 山口県山陽小野田市[redacted] 0836-72-[redacted]
[redacted] 山口県山口市[redacted] 083-922-[redacted]

日々、更新され増え杖続ける「解放同盟関係人物一覧」

②本人同意が必要！

被告Mは、「すでにハローページに掲載されている情報であり、公開された情報を自分が掲載しているだけで問題ない」と主張している。

しかし、判決では「特定の相手方や開示方法を指定した情報開示の同意が、他の者や他の開示方法に対する同意ないし承諾と同視できるとは考えられない」とした。

原告は「紙媒体での情報の開示（配布先は原則として掲載地域に限定されている。）に対して同意ないし承認」したにすぎない。公開されている情報だから無断でネット掲載してもいいという事ではない。

③拡散・削除不能

判決では「ネットに掲載された情報の複製は極めて容易であるため、いったんインターネットで情報を公開してしまうと、情報が容易に拡散し、いったん拡散してしまった情報の削除は事実上不可能となってしまうことから、紙媒体を用い、配布先が基本的に掲載地域に限定されているハローページへの掲載とは，著しく異なるものである。」と指摘。

つまり、すでに書籍や紙媒体で個人情報が掲載（公開）されていることをもって、ネット上への掲載を許可したことにはならないという判決が出された。この判断は「復刻版」裁判でも同様の事が問われている。

全　国　2018年4月16日

ネットの電話帳事件大阪高裁判決の解説

（「解放新聞中央版」2018年4月16日付）

ネットの電話帳事件　大阪高裁判決（2017年11月16日）の解説

「全国部落調査」復刻版出版事件裁判の被告である鳥取ループは昨年11月16日、大阪高裁で「ネットの電話帳」事件でも敗訴していた。「全国部落調査」出版差止事件弁護団の中井雅人・弁護士による解説を掲載する。

1．ネットの電話帳（住所でポン！）とは何か

2012年、鳥取ループは、ウェブサイト「住所でポン！」を開設した（現在は、「ネットの電話帳」と改名している）。この「住所でポン！」ないし「ネットの電話帳」は、過去にNTTの電話帳に掲載された名前や住所、電話番号といった個人情報を、簡便に検索できる形で、無断でウェブサイト上に公開するものである。しかも、NTTの電話帳を元に作成されているため、公開されている個人情報は数千万人規模となる。また、検索の結果表示される住所はグーグルマップと連携しているため、検索結果住所の文字情報が表示されるだけでなく、検索結果住所を示したグーグルマップが表示される。

2015年8月14日、京都市内在住の会社員が原告となり、鳥取ループにたいし、「ネットの電話帳」によりプライバシー権を侵害されたことを理由に京都地裁に提訴した。

ネットの電話帳を使用すれば、個人の名前を入力すると、その個人がネットの電話帳に登録されていれば（NTTの電話帳に掲載されていれば）、その者の住所の文字情報およびその住所を示したグーグルマップが表示される。この判明した住所と全国部落調査を対照すれば、被差別部落の居住者か否かが判明してしまう。すなわち、鳥取ループが公開しているネットの電話帳と「全国部落調査」等を対照することで、インターネットで簡便に被差別部落居住者か否かの身元調査が可能なのである。

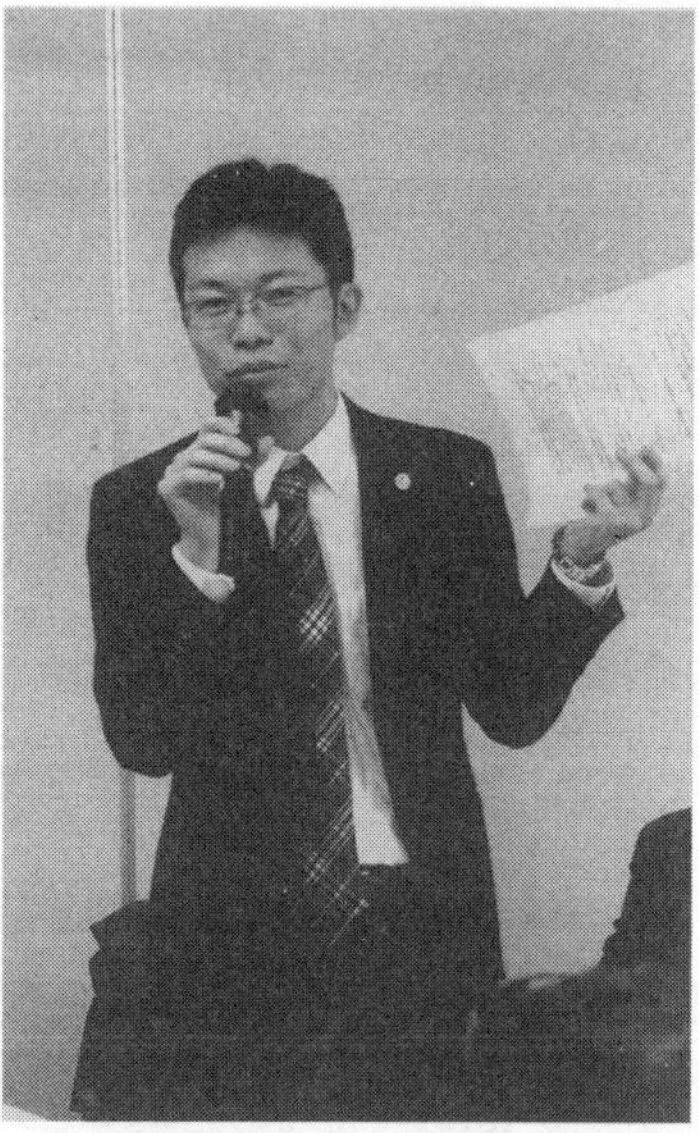

「全国部落調査」復刻版出版事件裁判の第8回口頭弁論後の報告集会で第8回口頭弁論の報告に立つ中井雅人・弁護士（3月12日・東京）

「全国部落調査」出版差止事件弁護団

中井　雅人（弁護士）

2. ネットの電話帳事件大阪高裁判決

２０１７年4月25日、京都地裁は、原告の削除請求、差止請求、損害賠償請求を認容する判決をした。２０１７年11月16日、大阪高裁も同事件について原告の削除請求、差止請求、損害賠償請求を認容する判決をした。

(1) 注意すべきポイント①――

鳥取ループは、裁判において、原告の名前、住所および電話番号はハローページ（ＮＴＴの電話帳）に相当期間掲載されており、これは全国の図書館等で閲覧が可能であるから、公知の事実であり、プライバシーに該当しない旨主張していた。この点について、大阪高裁判決はつぎのようにのべている。

「ハローページへの原告の名前、住所及び電話番号の掲載については、原告は「黙示的に同意ないし承諾していると評価できるが、それは、紙媒体での情報の開示（しかも、配布先は原則として掲載地域に限定されている）に対する同意ないし承諾にすぎない」とし、一方、「インターネットに掲載された情報の複製は極めて容易であるため、いったんインターネットで情報を公開してしまうと、情報が容易に拡散し、いったん拡散してしまった情報の削除は事実上不可能となってしまうことから、紙媒体を用い、配布先が基本的に掲載地域に限定されているハローページへの掲載とは、著しく異なるものである」として、ネットの電話帳への住所等の記載についてプライバシー侵害を認めた」。

従来の裁判例からして当然の判断といえるだろうが、大阪高裁判決も指摘しているように、紙媒体への住所等の掲載を一定範囲で承諾していると評価されることはやむを得ないところであり、プライバシー侵害が認められるためにはそのハードルを乗り越える必要があった。大阪高裁判決は、このハードルをインターネットの特性に適切に着目して乗り越えている点で評価できる。

(2) 注意すべきポイント②――

大阪高裁判決においてとくに注目すべきは、当該訴訟および当該訴訟の仮処分の裁判関係書類をウェブサイト上に掲載したことが違法と判断されたことである。

大阪高裁判決は、ネットの電話帳における原告の名前、住所、および電話番号の秘匿の必要があることをつぎのようにのべている。

「「訴訟の内容によっては」、原告の名前、住所及び電話番号が、「インターネットによって公開されることにより、当該訴訟に関心を有する不特定多数の者から、多様なアクセスを受けることが容易に想像され、生活の平穏について不安を抱く者がいることもまた容易に想像することができる。したがって、ネットの電話帳に原告の氏名、住所及び電話番号が記載された裁判関係書類に掲載したことにおける原告の氏名、住所及び電話番号は、「本人が、自己が欲しない他者にはみだりにこれを開示されたくない情報であると認められる」」。

また、大阪高裁判決は、ネットの電話帳に原告の名前、住所および電話番号が記載された裁判関係書類を掲載したことにおける原告の名前、住所及び電話番号の秘匿の必要性の高さをつぎのようにのべている。

「ネットの電話帳に原告の名前、住所及び電話番号が記載された裁判関係書類を掲載した行為は、「掲載行為全体としてみたときは、原告個人が、本件掲載行為①について、どのように感じ、どのように考えた上で、本件訴訟の提起に至ったかといった、原告の内面にかかわる情報を含む掲載行為である」。このため、ネットの電話帳に原告の名前、住所及び電話番号が記載された裁判関係書類に掲載したことにおける原告の名前、住所及び電話番号は、「本件訴訟の主体を特定する情報として、自己が欲しない他者にはみだりにこれを開示されたくない程度は高いと考えられる」」。

さらに、大阪高裁判決は、裁判の公開（憲法82条1項）との関係でも、ネットの電話帳に原告の名前、住所および電話番号が記載された裁判関係書類を掲載したことが違法であることをつぎのようにのべている。

「原告の名前、住所及び電話番号は、「自己が欲しない他者にはみだりにこれを開示されたくない情報である。…そして、裁判が公開され訴訟記録の閲覧ができるという制度の下においても、実際に裁判を傍聴し又は訴訟記録の閲覧をするのは、その事件に積極的な関心や問題意識を有している者などに限られる。裁判の公開という制度が存在することと、その公開制度を通じて得ることのできる情報を、インターネット等を通じて不特定多数の者に公開することとは自ずと質的な相違がある。したがって、裁判の公開制度や訴訟記録の閲覧制度が存在するからといって、訴訟に係る情報を、インターネット等を通じて不特定多数の者に公開することが違法性を欠くということにはならない。インターネット等を通じた情報公開は、…情報の拡散の程度が飛躍的に高く、削除が容易でないという性質を有するところ、原告が、本件の解決について裁判手続の利用を選択したことによって、当該情報がインターネット等を通じて不特定多数の者に知られることを容認していたとは到底いえない。また、保全事件である本件仮処分事件の申立ては、そもそも、原則として公開を予定していない（民事保全法3条、5条等）のであって、…日本国憲法82条1項を根拠に、公開が許される情報でないことは明らかである」。

この裁判関係書類の判断については、たしかに、「裁判の公開」という憲法上の大原則があるため、いわば「公開」を拒む権利であるプライバシー権の侵害を認めるには相応のハードルがある。しかし、大阪高裁判決は、インターネットの特性を適切に評価し、裁判関係書類の公開についてもプライバシー侵害を認めた点で評価できる。

3. 結びに

「全国部落調査」復刻版出版事件を含め名誉毀損、プライバシー、差別の問題は、インターネットの発展および浸透とともに、新しいステージに入っている。社会運動になっている裁判等を中心に、裁判関係書類をインターネット上に掲載するということはめずらしいことではない。端的にいうならば、大阪高裁判決がのべているように、インターネットの特性を考慮した判断がなされなければならない。被害者が、裁判をしていることにより個人情報や差別情報を晒されてしまうという二次被害や、そのような被害を恐れて提訴を断念するという事態はあってはならないことであり、このような事態を防ぐ観点からも大阪高裁判決は大いに評価できる。被告を同じくする「全国部落調査」復刻版出版事件はもちろん、その他差別事件等においても注目すべき判決である。

以　上

全　国　2015年12月18日〜

示現舎「部落探訪」で全国の部落を暴く

（「解放新聞東京版」2018年6月1日付）

示現舎「部落探訪」で全国の部落を暴く
人権侵犯事件として立件を

示現舎・鳥取ループのホームページ上に「部落探訪」というコンテンツがあり、全国の被差別部落を訪れ、記事にして写真入りで掲載している。２０１５年12月18日から２０１８年５月18日現在で69の記事が掲載されている。都内では４か所が暴かれ曝されている。

「部落探訪」の目的に相当する記述が部落探訪（１）にある。引用すると「部落、あるいは同和地区と呼ばれる地域には不思議な魅力がある。公式には差別される地域であり、行政的にはその場所は半ば秘密とされること自体に興味をかき立てるものがあるが、実際にその地を訪れると実に多種多様な部落があることが分かる。本シリーズは、そんな部落のなかでも選りすぐりの地を探訪し、レポートするものである」と書かれている。一言でいえば、「興味本位」である。「興味本位」で被差別部落の所在地を詳細に暴き写真入りで公表することは差別を助長・誘発する部落差別扇動である。部落の所在地を暴くという点では「全国部落調査」復刻版出版事件と同じである。東京法務局は示現舎に対して２０１６年人権侵犯事件として「説示」をおこなっており、本事件も人権侵犯事件として立件されることが求められる。

今後、東京法務局や違法・有害情報相談センターに対して削除要請をおこなっていく。また、部落差別解消推進法の周知、徹底と部落問題啓発の強化を都区市町村、探偵業界、不動産業界等に向け要求していく。

今日、インターネット上の差別事件にどう対応するかが、差別撤廃、人権社会確立に向け重要課題になっており、法整備とともに、差別を許さない社会勢力の拡大にむけ、取り組みを進めていかなければならない。

東　京 2017年5月25日

ヤフーニュース報道で差別コメント

（「解放新聞東京版」2018年1月1・15日付）

インターネット上の差別書き込み
～ヤフーニュース差別コメント

台東区のマンションで5月25日、男が元交際相手の女性の母親を人質に立てこもった事件が起こりました。この事件をヤフーニュースが報道し、それに対するコメントに「台東区のあの辺りは、奥の方は地元民でも夜歩きは憚るほどの雰囲気の悪さだからな。

革製品を扱っているエタ避《マ》妊《マ》の血族も多く住まう場所だし、悪い気が充満しているんだろう」という悪質な差別コメントがありました。

発見者は画像保存していましたが、台東支部、都連は10月にこの事実を知りました。

なお、この差別コメントは時間経過しているためにすでに閲覧できなくなっています。

このコメントは、被差別部落出身者や関連する革製品業者、地域を「雰囲気の悪さ」「悪い気が充満」と決めつけ、「犯罪の温床」のように語る悪質な部落差別コメントです。また、この差別コメントに対して短時間で6件の「いいね」という賛同・支持があることは危険視しなければなりません。

皮革関連産業は、被差別部落の伝統的産業（仕事）であり（近代以降は部落外からも参入している）、今日、靴、鞄、ベルト、財布、衣料など市民生活のファッション文化を支える欠かせない社会的仕事であり正当に評価されなければなりません。

神奈川 2018年4月1日～

神奈川県が同和対策事業補助を拡大、ネットの監視なども対象に

(「解放新聞神奈川版」2018年4月20日付)

神奈川県が、「推進法」に基づき同和対策事業補助を拡大 ネットの監視なども対象に

神奈川県は、２００８年度から10年間続けてきた神奈川県地域相談連絡協議会の実施する相談活動事業に対する補助を、18年３月末をもって打ち切り、４月１日から、新たに、「部落差別解消推進法」に基づいて、同協議会が実施する相談活動や啓発活動を支援するために同和問題対策推進事業に対する補助を行うことになった。

部落解放同盟神奈川県連合会、全日本同和会神奈川県連合会、神奈川県地域人権運動連合会の統括相談員で構成する神奈川県地域相談連絡協議会に対する補助であることは従来と変わらないが、

①これまでは、生活相談活動に限定していたものを、新たに人権相談にも対応する相談活動を行うこと。

②インターネット上での差別書込みについてのモニタリングを行うこと。

③支部相談員に向けた事例研究会の開催。

④市町村職員向けの啓発研修会の開催。

など、相談活動とともに啓発活動も実施することになった。

２００２年に「特別法」が失効して以降、神奈川県は、同和地区の生活実態調査の結果から、教育、就労などの課題が浮かび上がり、その解決のために、生活相談事業を中心に「協議会」の活動に対する補助という形で実施してきたが、財政上の理由で、この数年間、活動実績は認めつつ、補助の廃止へ向けた動きを強めてきた。しかし、一昨年12月に「推進法」が施行されたことから、新たに、名称も「同和問題対策推進事業」と位置づけ、補助対象を拡大していくことになったものである。

愛　知　2017年4月19・20日

愛知県連が兵庫県尼崎市・広島県福山市を訪れ、差別書き込み削除の取り組みを視察

（「解放新聞中央版」2017年7月24日付）

愛知県連

ネット対策を行政に学ぶ

兵庫と広島で

【愛知支局】県連は4月19、20日、兵庫県尼崎市、広島県福山市を訪れ、行政がモニタリングをおこない、ネット上の差別書き込みを削除しているとりくみと削除方法などの視察をおこなった。

19日は、尼崎市の市民協働局ダイバーシティ推進課で話を聞いた。モニタリングは、人権啓発と差別書き込みの早期発見、拡散防止が目的。被害者と加害者がともに市職員だった「尼崎インターネット差別書き込み事件」をきっかけにとりくむことになった。2010年6月からはじまり、2015年度からは尼崎人権啓発協会が事業を受託している。

市役所内にモニタリング室を設置。通常の業務で使うパソコンは掲示板などを閲覧できないようにフィルターをかけ、モニタリング用には別回線を使ったパソコン6台を使用して、毎週月曜日と金曜日に1~2時間、掲示板などから地元市民にかかわる書き込みをチェック。個人や住所などの個人情報が特定されるもの、差別性のある書き込みを印刷物とデータで保存。重大な人権侵害などは人権課に報告・協議し、関係機関（法務局など）と連携をはかりながら削除要請をおこなうほか、犯罪性を有するものは警察に通報している。事業開始時は、プロバイダー、掲示板管理者にたいしても削除要請をおこなっていたが、効果がなかったため、現在はダイバーシティ推進課から神戸地方法務局尼崎支局に報告と削除要請をしている。

職員研修にも、モニタリング事業を活用。8月から2月の金曜日は、若い職員を中心にモニタリングを体験。気になる情報を印刷しておき、あとからグループ討議をおこなって問題点を話し合う。問題があると思われる書き込みにたいして1人で判断するのではなく、全体で検討・判断するとりくみを通じ、市職員の人権意識を高めることにつなげている。

20日は、福山市まちづくり推進部人権推進課を訪問。削除依頼をおこなったもののうち7割が削除されている実績をあげている。

大　阪　2017年6月2日

グーグルマップで駅名を改ざん、「部落」と付け加え

（「解放新聞中央版」2017年6月19日付）

「部落」と付け加え
ネット地図の駅名を改ざん

【大阪支局】インターネット検索エンジン最大手グーグルが提供する地図「グーグルマップ」上で、大阪市内にある私鉄の駅名の前に「部落」と付け加えられた状態で表示されているのが発見された。6月2日、発見者からの通報を受けて、大阪府連はグーグル日本法人にたいし、即時の削除・訂正を要請した。私鉄側からも削除要請がおこなわれ、翌3日午後、ようやく問題の表示がすべて削除された状態になったことが確認された。12日現在、駅名そのものが完全に削除された状態のままであり、復元されたわけではない。

グーグルマップ側は要請にたいし、「サイト内の窓口から削除依頼、修正依頼してほしい」などと対応、即時の削除・修正には応じられないと回答した。

グーグルマップには、ユーザーが地図上に間違いを見つけた場合、ログインした状態で「場所についての情報を編集する」機能をもちいてグーグルに報告し、訂正を求められるシステムがある。しかし、グーグルでの審査があるため、反映されるまでに時間のかかる場合があるとされ、今回の改ざんがこの機能を悪用したものかどうか、まだわかっていない。

赤井隆史・大阪府連委員長は「悪質で許されない行為だ。ネット上の書き込みは拡散を止めることは難しく、スピーディーな対応が求められる。「部落差別解消推進法」が施行されたが、罰則規定など法的規制が必要だ」と話している。

なお、グーグルマップ上では2015年にも、広島市内の原爆ドームが「核実験場」、東京都内の警視庁本部が「警視庁サティアン」などと、複数の施設名が改ざんされる問題がおこり、3人が軽犯罪法違反容疑で書類送検されている。

兵　庫　2018年6月～

兵庫県がネット差別落き込みモニタリングを６月から開始

（「解放新聞中央版」2018年5月21日付）

ネット差別書き込み 拡がるモニタリング

兵庫県は6月開始

【兵庫】県はインターネット上の部落差別やヘイトスピーチをはじめとする差別書き込みに関するモニタリング事業を6月から開始する。県内では10年度に尼崎市での開始を皮切りに導入が拡大し、今年度には篠山市で開始されるとともに、三田市、宝塚市が実施を予定している。

県連では「ヘイトスピーチ解消法」、「部落差別解消推進法」制定の意義をふまえ、県交渉、各ブロックでの自治体交渉のなかでインターネット上の差別書き込みの拡散の現状と対策の実施を訴えてきた。

各市町に先がけて開始された尼崎市では人権推進課など特定の課や職員だけが検索・削除要請をおこなうのではなく、自治体の全職員を対象とした職員研修のとりくみの一環としてもとりくまれてきた。この手法での実施を拡大しようと各交渉では尼崎市のモニタリングの状況を示し、運用モデルとして提起。神戸地方法務局と県連執行委員との話し合い（3月14日）でも法務局から人権相談・人権侵犯事件とともにインターネット上での人権侵害に関する相談の増加が報告されていた。

県は兵庫県人権啓発協会にモニタリング事業を委託するとともに、市町職員などを対象にした職員研修を年に2回実施する予定。検索の方法や削除要請にかかわる判断のポイントや注意点などの具体的な運用を学習してもらい、各市町でのモニタリングの実施を促進したいとしている。

県連は今後、県や他市町の導入を見守りながら、未実施の自治体に実施を迫っていくとともに、実施の自治体についてもモニタリングの手法や運用マニュアルの策定など具体的な検討課題について要求を続けていく。

坂本三郎・県連委員長が神戸地方法務局の担当者に要請書を手渡し、インターネット上の差別書き込みの現状などを訴えた（3月14日・兵庫）

奈　良 2017年10月10日

9／4付奈良市職員兼業疑惑報道に伴う差別書き込みに関するわが同盟の見解

（「解放新聞奈良県版」2017年10月10日付）

9/4付奈良市職員兼業疑惑報道に伴う差別書き込みに関するわが同盟の見解

報道を契機とした膨大な差別書き込み　1

本年9月4日、毎日放送の報道番組「voice」で、病気休暇中に他の仕事に従事した疑いの奈良市環境部職員の問題が放映された。

報道は「奈良市環境部職員の不祥事」として、まず2006年、病気休暇中に「高級外車を乗り回して全く関係のない別の仕事に精を出していた」問題、続いて翌2007年に同じく環境部職員が勤務時間中に職場を離れる「中抜け」をしていた問題についての過去の報道内容を流した上で、今回の病気休暇中に県営ファミリープールにある、妻の経営する売店で「働く」環境部職員の問題が報道された。インタビュアーは職員に病気休暇中であることを確認し、兼業に当たるのではないかとのやりとりが行われた。また、市の環境部長にも意見を求めている。

この報道内容は、インターネットのYahooニュースにも掲載されており、これに対して9月20日時点で2603件ものコメントが寄せられている。その中には当該職員が被差別部落出身者か在日朝鮮人であると決めつけ、「人間のクズだ」とさげすむひどい内容が多数含まれている。また、こうした職員が「同和枠」で採用されたとして、部落解放同盟が被差別部落出身の職員を送り込んでいるなどと吹聴したものとなっており、2チャンネルその他の投稿記事を含めると、差別書き込みは尋常でない数にのぼる。

報道は、職員に対する怒りとしては理解できるが、それを部落民、朝鮮人と決めつけ、侮蔑し、その陰に部落解放同盟があるという悪意に満ちた間違った認識で、インターネット上の掲示板等で部落差別が助長・扇動されていることを私たちは断じて許すことはできない。

奈良市の対応　2

この番組が報道された後、職員の管理責任を問う形で記者は市長に見解を求めている。毎日放送は、市長が「職員の不祥事はなくならない」と発言したなどと、意識的に回答内容を歪曲して、市長の管理能力を疑問視させるような描き方をしているが、対応について慎重にならざるを得ない市長の立場は一定理解しうるものである（仲川市長ブログを参照のこと）。しかし、この事件が引き起こしているもう一方の事実、つまりインターネット上で差別書き込みが吹き上がり、部落差別が助長・扇動されていることには何の見解も対応も示されていない。こうした卑劣な不正行為を行うのは部落民であり、ありもしない「同和枠」

で大量に部落民を職員にさせている解放同盟の責任だ、といった内容の書き込みが大量に行われているのである。

毎日放送の報道が事実の一面であるとしても、奈良市環境部職員の不祥事によって差別意識がかきたてられるとするなら、奈良市は職員の管理とともに、それによって誘発された差別意識に対してしっかり対応すべきである。

とりわけ「同和枠」なるものがまことしやかに語られ、それが差別意識を増幅させている現実に対して、市としての見解を示すべきである。

3

かつて、職員の確保は困難だった

環境衛生の仕事は、かつては従事者の確保が困難であった。生活に困窮する被差別部落出身者がかろうじて従事してきたが、部落外から従事する者はほとんどいなかったのである。人の嫌う「3K労働」（キツイ、汚い、危険）を担いながら、あのような仕事に就くのは部落出身者だとさげすまれてきた。現在でこそ労働条件が改善され、安定した仕事として部落出身者であるとないにかかわらず就業希望が増えているが、以前は就業者の確保すら難しかったのである。こうした事情から、市から議員や地域の有力者に就業者の紹介が求められたことも多かった。そうした紹介があって、市の環境衛生の従事職員の確保と事業が成立していたのである。いかにも訳知り顔で「同和枠」で利権が行われているかのような書き込みには呆れるが、事実経過は明確にしておきたい。

4

不祥事の加担者―環境部職員・被差別部落出身者への蔑視

奈良市環境部の職員を被差別部落出身者ばかりであるとさげすむ者たちは、自らの排出物の処理に手を汚すことなく暮らしながら、なくてはならない役割を引き受ける人々をさげすむことが、人間性のかけらもない行為であることを知るべきである。本来、3Kといわれる労働こそ、手厚く処遇されなければならない。つらい労働に加えて蔑視と忌避を受けなければならないことが、従事者の心に壁をつくらなければ自尊心を保てない状況をつくり出している。差別意識が職員不祥事の加担者なのである。

5

市の管理者はこうしたことを踏まえて、労働状況の管理に踏み込む責任があるのではないか。管理者も労働者も規範と公共心を享有する責務を自覚すべきである。従事者は、管理者の忌避意識による責任放棄に乗じるのではなく、不祥事が「民間委託」の口実となり、環境部職員の仕事を危うくするとともに、被差別部落に対する差別意識を増幅させていることを自覚して、襟を正さなければならない。

6

わが同盟は以上の認識に立って、一連の報道によって生じたこの許すべからざる差別事象の対応について関係行政に以下のことを求める。

1．インターネット上での悪意に満ちた陰湿な差別書き込みなど、部落差別が助長・扇動されていること対して毅然とした姿勢を明らかにし、差別書き込みの削除に取り組むこと。

2．自治体の環境衛生に関わる従事者に対して、その立場とこれまでの労働条件に関する合意事項を尊重しながら適正な管理が行われるよう取り組むこと。

3．「同和枠」ありきの誹謗・中傷を払拭すべく市としてのスタンスを確立すること。

山　口　2017年8月

山陽小野田市など４市が政策懇談会で定期的なモニタリングを実施すると回答

（「解放新聞中央版」2017年10月16日付）

「推進法」への見解求める

ヘイトスピーチ解消も

5市と県連 政策懇談会

【山口支局】県連は8月中に5市と政策懇談会をおこなった。18日に山陽小野田市、21日に宇部市、28日に防府市、31日に山口市、周南市。

政策懇談会では、「推進法」、ヘイトスピーチ解消法、人権行政・同和行政の推進、同和教育、市民啓発・人権啓発、職員研修、身防止、隣保館活動などについて協議した。

県連からは藤本謙吾・委員長、川口泰司・書記長、各支部の支部長が参加し、5市それぞれの市長や教育長に「要望書」を提出し、関係部課長らと協議した。

「推進法」への見解について、各市は「現在もなお部落差別は存在する」ことを認め、いまの情報化社会では「寝た子を起こすな論」では部落差別を解消することはできないとの認識を示した。

また、「部落差別を解消するための施策実施」を行政の責務とし、「相談体制の充実」「部落差別を解消するための教育及び啓発」「部落差別の実態に係る調査」など、「推進法」の趣旨をふまえて、国・県と連携して部落差別解消に向けてとりくむと回答した。

「推進法」の周知徹底に向けては、職員研修の実施、市広報とホームページへの掲載、チラシの配布などをおこなうことを確認した。

同和教育の充実では、部落問題学習の充実を強く求めると同時に、教職員研修、教材の作成を求めた。部落問題をテーマにした市民啓発がほとんどないことから、かならず部落問題をテーマにとりあげることも要望した。

このほか、インターネット上の部落差別について実態把握をするため、山陽小野田市など4市が定期的なモニタリングを実施すると回答。差別を助長する書き込みなどを見つけた場合は、県・法務局などと連携し、当該プロバイダーなどへの削除要請や管理者への違反通知等をおこなっていくことを確認した。

なお、ヘイトスピーチ解消に向けても人権教育・啓発の推進を求めた。山陽小野田市など4市は、ヘイトスピーチなどをおこなう団体に施設使用を認めないとの見解を示した。

全国　二〇一七年

ネット社会と部落差別の悪化―偏見・差別情報の氾濫と拡散

（山口県連調べ）

①「部落差別解消推進法」が成立した背景の一つには、インターネット（以下、ネット）上での部落差別の深刻化がある。同法第一条には「情報化の進展に伴って部落差別に関する状況の変化が生じている」として、国会での法案審議でも、何度もネット上での部落差別の現実が立法事実として問題提起された。

②今、ネット上では「部落地名総鑑」が公開され、部落問題に対するデマや偏見、差別的情報が圧倒的な量で発信・拡散され、氾濫している。同和教育を受けていない若い世代や部落問題について「無知・無理解」な人ほど、そうした偏見やデマを内面化し、差別を正当化する論理に影響を受けている。

③ネットで「部落」「同和」と検索すると、差別的情報（投稿・動画等）が検索上位を占める。部落問題について知ろうと思う人が検索すれば、最初に表示されるのが、偏見や差別を助長する情報となっている。質問サイトの回答や掲示板などの投稿の多くが、偏見や差別を助長するもので埋め尽くされている。

④辞書サイトである「ウィキペディア」は誰でも編集・投稿でき、一般的には「中立的観点」で編集されるネット版の百科事典として、世界中のネットユーザーが利用している。しかし、部落問題の各項目の中には、差別を助長する記述も多くある。

ある高校では、人権教育の授業の中で、ネット検索した情報を元に生徒が「暴力団の七～八割は部落出身者」と発表した。先生が根拠を聞くと「ウィキペディアに書いてあった」と言われ、慌ててデマ情報であると指摘したケースも報告されている。学校や社会教育、行政や企業等で発信している部落問題についての正しい知識や反差別情報をはるかに凌駕する量で差別情報が拡散され、再生産され続けている。

⑤部落問題の検索上位の一つに「Ｙａｈｏｏ！知恵袋」の質問サイトがある。（公財）反差別・人権研究所みえが二〇一三年に質問上位一〇〇〇件（「同和」検索）を分析した。その結果、三分の一が「偏見に基づく差別的な質問」三三三件（三三％）、次の三分の一が「知識を問う質問」三一三件（三一％）、残りの三分の一が、身元調査

（七〇件）や結婚差別（二五件）、土地差別（二五件）などの深刻な相談であった。

これらの質問・相談に対し、多くの人が回答している。しかし、「ベストアンサー」の約七割が「部落は怖い」などの差別的回答が採用されていた。結婚差別の相談でも、「やめておいた方がいい」などの差別回答がベストアンサーの七四％であった。

⑥もう「寝た子を起こすな」は通用しない。「寝た子はネットで起こされる」時代になっている。学校で同和教育をおこなう上では、ネット上で部落問題がどのように扱われているのか、教職員は知っておく必要がある。生徒たちが差別的サイトを見ても正しく判断できるように、部落問題学習が必要である。

⑦ユーチューブや「ニコ生」などの動画サイトでも、「同和」や「部落」で検索すると、偏見や差別意識を助長・扇動する動画であふれている。実際に同和地区へ行き、地区内の住宅や道路などを撮影しＢＧＭを入れ、差別的に編集した動画が何十万回と再生されている。閲覧再生数の上位は差別動画で埋め尽くされている。

動画情報は、強烈なインパクトがある。文字情報よりも偏見や差別意識を助長するマイナスイメージが残る。しかも、一度、差別的動画をクリックすると、「あなたにおすすめ」として、同様の差別的動画が次々に表示されて流れていく仕組みとなり、さらなる偏見が助長されていく。

⑧二〇一八年四月（七日時点）のユーチューブの「同和」検索の上位は、「森友問題は同和利権」「地域の特殊性」などのデマ動画、フェイクニュースが再生回数上位を占めている。中でも、現役の東京都葛飾区議が「森友問題は同和利権」と連呼する動画が、昨年から何本もアップされ、再生回数は合計すると五〇万件以上である。しかも、現役の区議会議員が、部落差別を助長・誘発するデマ動画（フェイクニュース）を作成し、公然と流し続けている。再生数が多くなるほど、そのアフリエイト・広告収入を得ている。

⑨ネット上では「部落地名総鑑」「部落出身者リスト」が作成・公開されている。それらの情報が差別身元調査に悪用されるという深刻な状況が生じている。「Ｙａｈｏｏ！知恵袋」をはじめ他の質問サイトでも、「どこが部落か？」「結婚相手が部落出身かを調べるには？」などの質問に、ネット版「部落地名総鑑」（「同和地区ｗｉｋｉ」ミラーサイト等）が紹介され、結婚相手の身元調査や土地差別調査などに利用されている事例が多く見られる。

⑩学校現場では、すでにネット販「部落地名総鑑」を利用した問題が各地で起きている。関西の大学では、学生がネット上の「部落地名総鑑」「部落出身者リスト」で友人、恋人などが部落出身であるかを調べ、レポートに書いて提出していた事例が報告されている。

各地の中学校や高校で部落問題を学習した生徒が、スマホやパソコンで「どこが部落か、だれが部落民か」をネットで調べて、友人だちと話題にしていた事件も起きている。⑪ネット上での差別が放置され続けることで、現実社会での差別がエスカレートしていく。現実社会では許されない差別行為でも、ネット上は無規制であり、「ここまでやっても許される」とエスカレートしていく。その結果、これまで積み上げてきた人権基準や社会規範が破壊され、ついには「底が抜けた」状態になる。

滋賀 二〇一七年五月

ヤフーのネットオークションに「壬申戸籍」が出品される

（滋賀県連調べ）

二〇一七年五月、ヤフーのネットオークションに我が国で最初に作成された「壬申戸籍」が出品されるという事件が発生している。出品されたのは奈良県・山梨県・滋賀県の一部の町の壬申戸籍である。滋賀県では栗太郡大橋村〔現・栗東市〕の壬申戸籍が出品されていた。これに対して法務省はヤフーに対して出品の取り消しを強く求めたがヤフーはそれに応じなかった。

「壬申戸籍」は我が国で最初に作成された戸籍で族称欄に士族、平民等が記載されていた。被差別部落の人たちについては「新平民」「旧穢多」など差別的記載がなされていることもあり部落差別につながる身元調査に悪用されてきた。また、戸籍制度には追跡機能があるため容易に壬申戸籍にまでたどり着くことが可能となる。この事からも今回の壬申戸籍のインターネットを利用したオークションへの出品は重大な問題である。同時に「壬申戸籍は一四七年前のもので個人情報に該品しない」との理由で法務省の出品取り消しの要請を拒否したヤフーの企業姿勢に大きな憤りを感じる。

鳥取 **二〇一七年九月七月**

インターネットにおける差別記載

（鳥取県連調べ）

二〇一七年九月七月、鳥取県のとりネットへ、「鳥取県の部落民の採用を止めて欲しい　部落民は気持ち悪い屑しか居ないので」という、被差別部落出身者の就職差別を呼びかける記載があった。

琴浦町のホームページにも、「琴浦町の部落民の採用を止めて欲しい　部落民は気持ち悪い屑しか居ないので」という、同様の記載があった。

ヘイトスピーチによる差別事件

全　国　2017年5月10日

ヘイトスピーチ解消法成立１年を迎え人種差別撤廃基本法を求める議員連盟が院内集会を開く

（「解放新聞中央版」2017年5月29日付）

院内集会で実態報告

ヘイトスピーチの動向など

「ヘイトスピーチ解消法成立1年～求められる人種差別撤廃基本法～」と掲げた院内集会が5月10日午後、参議院議員会館でひらかれ、160人が参加。この1年間の差別の実態と法具体化への動きなどを、在日外国人当事者をふくめ、弁護士、学者、新聞編集員の4人の専門家が報告した。

法の浸透、「条例」制定など同法具体化への諸課題と、より前進した法律の制定などの課題を確認した。

主催は、人種差別撤廃基本法を求める議員連盟。

小川敏夫・会長（参院議員）は「施行して1年たつが、ヘイトスピーチをやめる意志がない人たちがやり続けている。いまある法律はワンステップ。さらに完全な形の法律を」と訴え、同議連の4月の8省庁ヒアリングを有田芳生・幹事長（参院議員）が報告。人種差別実態調査研究会の北村聡子・弁護士、鈴木江理子・国士舘大学教授、アンジェロ・イシ武蔵大学教授、石橋学・神奈川新聞デジタル編集員、が発言した。

「ヘイトスピーチ解消法はワンステップ。さらに完全な形の法律を」と主催者あいさつでよびかける小川敏夫・議連会長（5月10日・東京）

全　国　2017年6月3日

ヘイトスピーチ解消法施行１年を記念し集会を開く

（「解放新聞中央版」2017年6月19日付）

施行１年記念し集会

「ヘイトスピーチ解消法」で

国内の深刻な人種差別の存在をずっと否定してきた日本政府が、被害を認め、在日外国人にたいするヘイトスピーチを解消するとりくみの推進を宣言した「ヘイトスピーチ解消法」。施行1年目にあたる6月3日午後、東京・在日韓国ＹＭＣＡアジア青少年センターで記念集会がひらかれ、133人が参加。被差別当事者、研究者、弁護士らが現状と課題を報告し、「人種差別撤廃基本法」制定などを盛り込んだ集会アピールを採択した。

「人種差別撤廃基本法」制定などを盛り込んだ集会アピールを外国人人権法連絡会の師岡康子・弁護士が解説を加えて読みあげ、採択した（6月3日・東京）

集会テーマは「ヘイトスピーチ解消法施行1年～その現状と課題、人種差別撤廃基本法の実現へ」。主催は、外国人人権法連絡会、移住者と連帯する全国ネットワーク、人種差別撤廃ＮＧＯネットワーク、のりこえねっと、ヒューマンライツ・ナウ。

1年間のヘイトスピーチの実態は、社会学者の明戸隆浩さん（関東学院大学ほか非常勤講師）が報告。また、「現場からのリレートーク」として、在日コリアン、ニューカマー移住者と、本法の対象外とされたアイヌや琉球・沖縄の当事者、そして抗議行動の現場からも、ネット、図書、テレビ、公人の発言など、いまも続く深刻なヘイトスピーチと、過酷な就労実態など、ヘイトスピーチだけでない差別の実態が報告された。

明戸さんは、街頭の実態とネット上の実態を、法務省「参考資料」（非公開）のヘイトスピーチの3類型（①生命、身体、自由、名誉、財産に危害を加える旨を告知②著しい侮辱③地域社会からの排除を煽動）で分類。法務省が煽動を「追い出せ」などの直接的煽動に限定している問題を指摘し、また、実例との突き合わせを重ねて「何がヘイトスピーチか」を明確化する重要性を指摘。ヘイトスピーチではないように見せかける事例も紹介した。

法務省による初の外国人住民調査報告書（3月）は、関西学院大学の金明秀（キム・ミョンス）・教授が解説。▽地域から疎外（自治会加入者は30％）▽入居、就職の深刻な差別（「入居を断られた」は一般永住者42％、定住者42％、特別永住者27・2％、その他47・2％。「就職を断られた」は25％▽差別実態は国籍で3集団に大別▽3割が差別発言を直接経験▽被害回避へ在日コリアンの4割がネット利用を回避、などの実態を説き、包括的な差別禁止の法整備を訴えた。

自治体などへの日弁連アンケート（昨年10月）の結果は、北村聡子・弁護士が報告。相談窓口や施設使用許可などの動向を語った。

集会アピールは、国・自治体の施策や、人種差別撤廃の「基本法」「条例」、禁止法、個人通報制度、国内人権機関など盛り込んだもの。外国人人権法連絡会の師岡康子・弁護士が解説して読みあげ採択した。

大　阪　2017年6月19日

大阪高裁が反ヘイトスピーチ裁判の控訴審で人種差別と女性差別の複合差別を認め損害賠償を命じる判決

（「解放新聞大阪版」2017年6月25日付）

人種・女性差別反ヘイト裁判

複合差別が初認定

在特会・元会長に賠償命じる

インターネットなどで民族差別、女性差別を繰り返し名誉を傷つけられたとして在日朝鮮人の李信恵さんが在特会と桜井誠・元会長に550万円の賠償を求めた控訴審判決が6月19日に大阪高裁でおこなわれた。

池田光宏裁判長は、77万円の支払いを命じた一審の地裁判決を支持し、双方の控訴を棄却。「名誉毀損や侮辱は原告が女性であることに着目し、容姿などをおとしめる表現を用いた」と女性差別を認定し、「人種差別と女性差別との複合差別にあたる」と判決ではじめて「複合差別」が認定された。

報告集会で支援者からあたたかい拍手で迎えられた李さんは「いっしょに闘ってきた仲間とこの判決を迎えることができた」と感謝の言葉をのべたあと、京都朝鮮学校襲撃事件の裁判で証人にたった当時の桜井会長が侮辱発言をくり返す姿に多くの当事者が傷つき悔しかったことや被告として公平な場所で彼を裁けるのは自分しかいないと裁判を決意した様子を語った。

「人権問題に終わりはない」と言う有田芳生参院議員のように「励ましてくれた多くの被差別当事者とともに闘い多様性がある未来をつくりたい」とのべた。

複合差別について追加意見書を提出した元百合子さんは一審で裁判所へ意見書を提出したが判決では触れられず、高裁で自ら証人喚問を希望したが退けられた。「国連で10年ほど前から人種差別撤廃条約と女性差別撤廃条約を中心に複合差別の概念が注目されてきたが国内では周知されていなかった。本判決は複合差別が認められた画期的な判決。今後も共にがんばりたい」などとのべた。

大阪　2017年11月16日

大阪地裁がまとめサイト「保守速報」運営者に損害賠償を命じる判決

（「解放新聞大阪版」2017年12月5日付）

ヘイト転載で賠償命令

まとめサイト運営者に

インターネット上の差別的な書き込みを集めて掲載

され名誉を傷つけられたと在日朝鮮人の李信恵さんがまとめサイト「保守速報」を運営する男性を訴えた裁判の判決が11月16日に大阪地裁でひらかれ「運営者が名誉棄損や差別の意図があった」と李さんの主張を認め２００万円の賠償を命じた。

李さんは裁判に提出するために自分に対する差別的な書き込みが羅列された保守速報のまとめサイトをすべてチェックし、人種差別、女性差別にあたるものかをすべて選別していった。「ひどい内容を見直すのはつらいが裁判のためと割り切った」とふりかえり、「在特会と桜井誠元会長を訴えた時の賠償金額より3倍も高く、高裁でも期待したい。裁判を支援してくれた多くの人に感謝している。インターネットは誰かをおとしめる空間であってはならない」などとのべた。

大　阪　2018年1月11日

大阪市有識者審査会がヘイトスピーチ投稿者の実名提供へ法改正等を求める答申案

（「解放新聞大阪版」2018年1月25日付）

ヘイトスピーチ投稿者 実名提供へ法改正を

大阪市審査会が答申案

インターネット上でのヘイトスピーチ投稿者の個人名公表について検討していた大阪市の有識者審査会（会長・坂元茂樹同志社大教授）は1月11日、守秘義務のある事業者が任意で情報提供することは難しいと結論づけ、国レベルの法改正や特例措置を求める答申案をまとめた。

動画投稿サイトでのヘイトスピーチは「ハンドルネーム」と呼ばれる登録名を用いて投稿されることがほとんど。投稿者の個人名の開示を求めても、電気通信事業法にもとづく守秘義務でサイト管理者や接続業者は開示しないのが現状。

大阪市は「市ヘイトスピーチ抑止条例」にもとづき、これまでに4件の動画をヘイトスピーチと認定したが、条例に定められた行為者の氏名公表につながる個人名の取得はできず、その方策について審査会に諮問して検討が進められてきた。

答申案では被害者の訴訟支援のために市が事業者に情報提供を求めることは「実効性が必ずしも期待できず現実的とはいえない」とし、被害者の負担軽減のために電気通信事業法・プロバイダ責任制限法の改正やプロバイダ等による発信者情報の破棄を防止する特例措置などを国に検討するよう求めることが必要としている。

地域社会における差別事件

香川　2018年2月26日

「どこが同和地区か」香川県立図書館で差別問い合わせ

（「解放新聞中央版」2018年3月26日付）

「どこが同和地区か」県立図書館で 問い合わせの差別事件

【香川支局】2月26日午後4時頃、高松市内の県立図書館に男性（70歳代後半とみられ、名前・住所は不詳）が来館し、レファレンスカウンターで「同和対策の資料がないか」と問い合わせをおこなった。対応した担当者が「具体的にどのような資料が必要か」とたずねると、「愛媛県新居浜市のどこが同和地区か知りたい」と語った。

担当者は「県では、日頃から、全庁をあげてさまざまな差別の解消に努めている。差別につながるような資料の提供はできない。資料の所蔵の有無も含めて答えられない」と説明。男性が「一般的な同和対策資料はあるか」と聞いてきたため、一般書架の場所を教えた。

このあと、県立図書館では、館内での情報共有をはかるとともに、県教育委員会事務局を通じて県人権・同和政策本部（人権・同和政策課）への報告をおこなった。

県からは市町、県連へ情報提供をおこなった。

長野　二〇一四年〜

長野市内連続差別発言事件

（長野県連調べ）

二〇一一年から長野市内で近隣住民に、嫌がらせや付きまといをしていた六〇代の男性（K）が、二〇一四年から真向かいに住むTさんに対して、昼夜を問わず「チョーリッポ、部落民はこの町から出て行け、ヨツ、エタ」と叫び続ける部落差別発言事件が発生。Tさんは長野市、長野法務局、中央警察署に対処を要請したが、いずれでも取り扱ってもらえず、二〇一五年七月、Tさんは部落解放同盟に相談に訪れ、県連では即行動に移り、関係行政教育機関と協議を重ね対処をしてきた。二〇一五年一二月、KがTさんに暴力事件を起こし執行猶予付きの実刑判決が出た以降、二〇一七年一二月、Kに対して刑事・民事双方の告訴状を検察に提出し、Tに対して謝罪と反省を求めてきたが、いまだに解決の方向は見えてきません。刑事の告訴は不起訴として判決が出されたが、民事では今係争中である。

長野　二〇一七年一一月八日

東御市東部人権啓発センターで同和地区の問い合わせ

（長野県連調べ）

二〇一七年一一月八日、東御市東部人権啓発センターで、不動産鑑定士が窓口で、「こちらで同和対策をやっているか、同和地区があるのかお聞きしたいのですが。」と尋ね、職員との間で以下の応答があった。

職員：どのような理由で知りたいのですか。

相手：たまたま通りかかった際に、人権同和の文字が目に入り（人権センター入口に人権同和政策課の表示がされている）、私の住んでいる周辺ではそのような部署は聞いたことがなかったので。

職員：確かに当市には人権同和政策課の部署があり、市民への人権同和教育や学校での人権同和教育をしています。ただ、同和地区があるかどうかという質問はそれ自体が差別につながる恐れがありますので、お答えできません。

相手：そうですよね。私も差別をしようとか、その地区を知ってどうこうしようとは思っていません。ただ、私の住んでいる地域では聞かない部署名のため、気になってしまって。

職員：失礼ですが、どちらからお越しになったのですか。

相手：富山県からです。申し遅れました。（ここで名刺を差し出す）

職員：ありがとうございます。

相手：東御市以外に県内でこういった部署はあるのですか。

職員：人権や男女という名前で近隣市町村に部署があったと記憶しています。県庁にも人権・男女共同参画課という部署があります。

相手：それは初めて知りました。たいへん参考になりました。ありがとうございます。失礼や気分を悪くする質問があったらお詫びします。本当に興味本位と言うか、物珍しさで立ち寄らせていただいただけですので。

職員：いえ、そのような事は。他にご質問等はよろしいですか。

相手：十分です。ありがとうございました。

三重 二〇一八年二月九日

病院入院患者による差別発言

（三重県連調べ）

三重県御浜町の病院内で職員二名と看護学校の実習生一名が入院患者の入浴介助をしていた際に、患者が会話の中で「エッタ」と発言をした。このことを聞いていた実習生が、看護学校にもどり指導者に相談をしたことにより明らかになった。部落解放同盟三重県連は、御浜町を訪問し、事件の対応や住民啓発、病院職員の研修などについて要請した。

奈良　二〇一七年一一月六日

香芝市役所で同和地区問い合わせ

（奈良県連調べ）

二〇一七年一一月六日午後四時四〇分頃、香芝市役所の市民課を三〇歳代の男性が訪れ「〇〇は同和であるのか?」と質問した。応対した職員が「当課では答えられない」と返答したところ、男性は受付に移動し、受付係に「〇〇が昔は何だったか知りたい。地区だったか調べてくれる課はどこにあるのか?」と質問した。その後、男性は税務課、市民協働課を訪れ同様の質問をし、市民協働課の職員が詳しく理由を尋ねようとしたが、同行の女性があわてて男性を連れて立ち去った。

徳島　二〇一七年六月

鳴門市での市民差別発言事件

（徳島県連調べ）

二〇一七年六月に、鳴門市で被差別部落の男性に対して、「同和の人間は、みなほれか。」「普通の人間はルールを守いよんじゃ。お前や同和の人間は何しに守らんのんじゃ。」等の差別発言がなされた。

就職差別事件

全国　2017年5月29日

主張　就職差別を撤廃し、雇用促進・就労支援にとりくもう

（「解放新聞中央版」2017年5月29日付）

促進・就労支援にとりくもう

1

厚生労働省は、2016年度の有効求人倍率が、1・39倍となり、1990年度のバブル期いらいの高水準だったと発表した。一方で、「就職差別の恐れがある事象」は増加傾向であり、これまで採用を控えていた企業が求人募集をすると、公正採用選考違反の事例が多発するとの分析をしている。

この間、「部落地名総鑑」差別事件発覚から41年をへて、「全国部落調査」復刻版を発行・販売しようとする者があらわれた。また、インターネット上には被差別部落の所在地一覧や、差別を煽動する情報が公開され、拡散し続けている実態がある。この状況のなかで、「部落差別解消推進法」の意義を広め、就職差別撤廃のとりくみもいっそう強化することが求められている。

「部落地名総鑑」差別事件を契機に、労働省（当時）によってつくられた「企業内同和問題研修推進員」制度は、「公正採用選考人権啓発推進員」制度に引き継がれ、一定の役割をはたしてきた。しかし今日、多くの問題点も指摘され、不十分なとりくみになってしまっている現状がある。「推進員」を設置していない企業、ハローワークの主催する「推進員研修」に一度も出席していない企業も少なくない。とりくみをもう一歩すすめるためには、ハローワークによるチェックのシステムをつくり、改善していく必要がある。そして推進員の位置づけを法的に明記し、その実効性を高めていく必要がある。

「統一応募用紙」のとりくみも「職業安定法第5条の4」が1999年の法改正で追加され、大臣指針も施行され、法的裏付けができた。しかし、違反企業にたいする指導が徹底されていない現状も明らかになっている。労働局には、法令違反を見逃さないという厳しい姿勢と、ていねいな指導が求められる。

2

就職差別をなくすために労働組合の役割も大きい。企業や事業所の内部からチェックするとりくみも大切だ。また、労働者の権利を守り、差別や人権侵害のない職場をつくるためにも、採用という雇用関係の入り

主張 就職差別を撤廃し、雇用

口で、差別を許さないことが重要だ。

部落解放中央共闘会議と全国共闘会議は、毎年6月を就職差別撤廃月間と位置付け、リーフレットを作成し啓発活動にとりくみ、職場での点検活動をよびかけている。また、各府県共闘会議では、労働局や府県行政・教育委員会などにとりくみ強化の申し入れをおこなっている。

そして連合は昨年、2008年以降2回目となる連合構成組織を通じての「採用選考に関する実態把握のためのアンケート調査」にとりくみ、その報告書で「『統一応募用紙』使用状況が8年前と比べて改善していないことが明らかになった」とし、「問題の解消には労働組合の積極的な取り組みが功を奏することも明らかになった」として、各職場での点検活動をよびかけている。

このとりくみを新たな契機として、各地で共闘会議や連合との連携を深め、就職差別撤廃のとりくみを強化していこう。

3

就職差別撤廃とともに、安定した雇用を促進していくとりくみも重要だ。地域での生活相談と合わせて、職業相談活動を充実させる必要がある。

「生活困窮者自立支援法」にもとづく「自立相談支援事業」を活用し、就職困難者の自立を支援していくことや、「ハローワークの求人情報のオンライン提供」を活用し、隣保館などでの職業相談活動を充実させていくことも大切だ。ハローワークや自治体などと連携を密にし、隣保館活動の充実と合わせてとりくんでいこう。

不安定雇用の増加による格差の拡大と貧困化がすすみ、雇用をめぐる状況は悪化している。安倍政権が強行した労働者派遣法の改悪は不安定雇用をさらに悪化させている。非正規雇用が雇用労働者の4割となり、不安定かつ低賃金の労働者が増え続ける現状も方向転換させなければならない。その意味で、庶民の生活を圧迫し、平和を脅かす安倍政権を退陣させることも大きな課題だ。

全　国　2017年10月30日

中央本部が「推進法」施行後の雇用対策に関する課題で厚労省交渉

（「解放新聞中央版」2017年12月18日付）

身元調査の把握など求め

「推進法」施行後の課題で

厚労省交渉

雇用対策に関する厚労省交渉を10月30日午後、省内でおこない、労働政策運動部の政平智春・副部長はじめ17都府県から22人が参加した。省側は派遣・有期労働対策部の下角圭司・就労支援室長はじめ3人が参加した。事前に提出した要求項目①「推進法」施行にともなう就職差別撤廃のとりくみ②「全国部落調査　復刻版」発行・販売への対応③公正採用選考人権啓発推進員④大学等での統一応募用紙の徹底、違反事象の把握⑤雇用対策⑥前回交渉から、について省側に回答を求め、意見交換した。

省側は項目①～⑤につぎのように回答。①部落差別への認識、「推進法」の目的・理念を共有して公正採用選考のとりくみを推進するよう、都道府県労働局・ハローワークには昨年12月と4月に通達。2、5、7月に職業安定部長・職業対策課長対象の会議で説明。都道府県労働局の赴任前研修で労働局長・総務部長・職業安定部長に説明。事業主には2月に職業安定局長名で業種別448団体の長に「推進法」の周知と公正採用選考の実現を要請。今年度の公正採用ガイドブックに部落問題の解説を追加。推進員研修でも部落問題を説明。高校新卒予定者の採用選考開始直前の9月に公正採用選考の広告を朝刊に掲載。ツイッターやフェイスブックでも発信②事業主にたいする就職差別撤廃の啓発強化へ、厚労省ホームページで公正採用選考の考え方・とりくみを掲載。フェイスブックなどでも発信③推進員の質的向上へ時宜を得た研修内容の充実。設置要綱に見直しの余地。法的位置づけ変更でなく運用で対応。過去3年研修未受講の企業への受講勧奨、受講希望者への機会確保、トップ研修もあらゆる機会で工夫④大学のモデル様式等をガイドブックなどで提示して応募様式やエントリーシートを適正化⑤地域の実情に応じてハローワークと隣保館の連絡会議、情報交換、ハローワークから隣保館への巡回職業相談。就労困難者には個別のていねいな対応。地域の実状を勘案し各自治体が隣保事業の実施を判断、厚労省が予算措置。隣保館からの就労相談と窓口について、「東京システム」を参考に周知資料を作成、設置中。「推進法」施行後の研修に部落差別の歴史、差別の事案、「推進法」の内容など。各隣保館で利用者が異なり、館の要請で就職困難者ごとに情報・資料を提供。隣保館とハローワークとの連携・情報共有は全隣協にならう。

部落問題の基本テキスト作成、就職時の身元調査の実態把握、ILO111号条約の批准、都内での就労相談等の隣保事業、市町村・ハローワーク・隣保館との連携、などを要望した。

話し合いで一定の成果はあったが、就職差別につながる質問など千件もの問題事象があり、実効あるとりくみを、とあいさつする政平副部長（10月30日・東京）

埼　玉　2017年6月13日 20日

部落解放同盟埼玉県連と連合埼玉が就職差別の撤廃を求めて要請書を提出

（「解放新聞埼玉版」2017年7月1日付）

就職差別の撤廃を

解放同盟県連

埼玉労働局、県産業労働部に
連合埼玉と連名で

埼玉労働局に対し、就職差別撤廃に向け統一応募用紙の使用徹底など６項目の要請書を手渡した。＝６月13日

昨年秋に日本労働組合総連合（連合）が実施した採用選考に関するアンケート調査で「統一応募用紙の未使用」「本籍地・出生地、家族構成や職業・収入の記入」「戸籍謄抄本の提出」など、就職差別につながる実態が明らかになったことから、部落解放同盟県連と連合埼玉（小林直哉会長）は6月13日、埼玉労働局に対して「統一応募用紙」使用の徹底、差別撤廃に向けた人権教育・啓発活動の強化、「部落差別解消法」周知徹底など６項目の要請書を連名で提出した。全国での就職差別撤廃月間の一環として取り組まれたもので、埼玉で解放同盟と連合が行動するのは初めて。

要請行動では、労働局職業安定部職業安定課の小暮俊明課長が応対し、「統一応募用紙が守られていない実態があることを踏まえ、各事業所の公正採用選考人権啓発推進員に対して、就職差別につながる14項目の説明会を開催し、注意喚起を行う」と述べた。また「部落差別解消法」の周知徹底については、「部落差別の存在を認めた法の趣旨について、局内業務担当者会議などで認識を深めていきたい。同和問題を人権問題の重要課題の一つとして位置づけ、部落差別解消に取り組んでいく」と回答。連合の佐藤道明事務局長は、「６月を埼玉県での就職差別撤廃月間として位置づけるべき」と強く要望した。

今回の要請行動には、解放同盟県連からは山本道夫副委員長と小野寺一規書記長が、連合埼玉からは佐藤道明事務局長と芳賀剛志副事務局長が、また部落解放県共闘会議から持田明彦議長、金子彰会計が参加した。

６月20日には、県産業労働部に対して同様の要請が行われた。

東　京　2017年7月20日

第1回進路保障会議を開催

（「解放新聞東京版」2017年8月1日付）

公正採用選考教育の充実を要請

第1回進路保障会議

第1回進路保障会議が7月20日、浅草公会堂第一集会室でひらかれた。都教育庁、産業労働局、生活文化スポーツ局私学部、東京労働局、東京都同和教育研究協議会、東京都高等学校教職員組合、部落解放同盟東京都連合会が出席した。

　各局から取り組み報告が行なわれた。

　都教育庁は「平成28年度都立高等学校から通報を受けた『早期選考・三局要請文違反事実の疑いに係る』通報票」の実態について報告された。違反又は疑いのあった事業所数は147社で昨年の196社から減少した。また、違反報告件数は全日制が149件で昨年の409件から減少している。定時制は97件で昨年の90件から増加した。

　産業労働局からは就職差別解消促進月間（6月）の取り組みや企業向け啓発冊子「採用と人権」の作成および配布（都内の従業員30人以上のすべての企業に配布）や「働く時の知識（高校生）」・「就活必携（大学生）」の発行・配布の取り組みなどが報告された。

　東京労働局は「平成29年3月新規高等学校卒業者の採用選考等に係わる不適正項目別事実確認状況」を報告した。通報件数は143事業所で昨年の178件から減少した。企業の採用時の情報収集の違反内容で「出身地」は9件、昨年の16件から減少。「家族・保護者の職業」は30件で昨年の34件から減少した。しかし、家族関係の件数は依然多い。また、『採用選考における「色覚検査」の考え方について』も報告された。

　都連からは「人間と社会」の指導案の充実と全ての公立高校の生徒に公正採用選考教育を行うことを求めた。公立学校では進路指導、ホームルーム、社会科、総合、人間と社会で公正採用選考教育が推進され、進路のしおりの生徒や教師用の資料、「働く時の知識」なども充実してきた。そうした状況を踏まえ、私立学校の生徒が取り残されないよに取り組みを推進することを求めた。また、推進法を踏まえ、就職差別の原因である部落認識の刷新に取り組むように要請した。

東　京　2018年3月28日

第２回進路保障会議を開催

（「解放新聞東京版」2018年4月15日付）

違反質問、「出身地」９件、「家族関係」１０７件

2017年度第2回進路保障会議

第2回進路保障会議が3月28日、浅草公会堂会議室で開催され、教育庁、産業労働局、生活文化局私学部、東京労働局、東京都同和教育研究協議会、東京都高等学校教職員組合、部落解放同盟都連が出席した。

まず、各局から取り組み報告が行われた。教育庁は「平成29年度都立高等学校から通報を受けた『早期選考・三局要請文違反事実の疑いに係る』通報票」の実態について報告された。

違反又は疑いのあった事業所数は１４２社で昨年の１４７社から微減している。また、違反報告件数では全日制が１１２件で昨年の１４９件から37件減少し、定時制は57件で昨年の97件から40件減少した。

東京労働局からは「平成30年3月新規高等学校卒業者の採用選考等に係わる不適正項目別事実確認状況」が報告された。通報件数の実数は１４３事業所で昨年の１４３件と同数だった。２０１８年3月16日現在で事実確認の状況は事実あり事業所が96事業所、事実確認中の事業所が36件であったことが報告された。面接時の違反質問では出身地が昨年同様に９件（通報件数）もあり、また家族関係が１０７件もあり、昨年より増加している。

産業労働局からは就職差別解消促進月間（６月）の取り組みや企業向け啓発冊子「採用と人権」の作成および配布の取り組みなどが報告された。生活文化局私学部からは「進路に関する啓発・研修等の実績及び予定」が報告された。都同教からは「生徒への公正採用選考学習の機会の保障」「色覚検査の問題」など報告と問題提起が行われた。報告後、活発な意見交換がされた。

神奈川　2017年6月14日

連合神奈川と部落解放神奈川県共闘会議が公正採用選考遵守を求めて労働局へ申入れ

（「解放新聞神奈川版」2017年7月20日付）

公正採用選考遵守へ向け
連合神奈川と県共闘が労働局へ申入れ
昨年度も30件を超える不適正事案が

部落解放神奈川県共闘会議（以下、県共闘）は毎年、連合神奈川とともに、神奈川労働局に対して、高校生が差別無く安心して就職ができるよう、公正採用選考を求める要請を行っています。今年は6月14日、午前10時30分から万国橋公共職業安定所会議室で、申し入れ書を提出し、話し合いを行いました。

連合神奈川から阿部嘉弘副事務局長が、県共闘会議からは、田中剛議長はじめ4人、部落解放同盟から三川委員長、藤原書記長が出席し、労働局から3人が出席しました。

労働局は、基本的人権を尊重した、公正な採用選考を実施するよう、セミナーや説明会等において、たとえば面接時に家族に関することや、保護者の職業等を聞いてはいけないことになっているほか、社用紙を用いず「統一応募用紙」を使用しなくてはならないことを事業主に対して指導しています。しかし、残念ながらルールを無視した悪質な企業はなくなっていません。労働局の回答によれば、昨年度、のべ31件の不適正事案が発生しています。その内訳の一部は、以下のとおりです。

・家族に関することを面接で聞いた　11件
・社用紙を用いた　4件
・住民票などで本籍を記載させた　3件
・合理的でない健康診断を求めた　1件
・尊敬する人物を面接で聞いた　1件（他計31件）

これらの他、「求人票の早期配布した」、「健康診断の受診の有無を聞いた」、「面接試験前に就労体験アルバイトをすすめた」、「精神科の通院歴を聞いた」、「選考期間が長期化した」などの問題も報告されました。

連合神奈川阿部副事務局長が申入書を提出

県共闘と連合神奈川はこの状況をふまえ、事業主へのさらなる指導強化を求めるとともに、教育委員会との連携強化をはじめ、問題の原因分析と有効な改善策を講じるために、県共闘と労働局、教育委員会との3者での情報共有の必要性を訴えました。

高校生が安心して就職できるよう、公正採用を求めるとりくみを強化していく必要があります。とりわけ、昨今、復刻版『部落地名総鑑』の問題が深刻化している状況の中、とりくみの強化が求められています。引き続き、県共闘は、労働局に対して企業への指導強化をもとめるとともに、問題解決のための具体的な提案をしていきます。

神奈川県高等学校教職員組合執行委員　富貴大介

新　潟　2017年8月24日

県同教調査による公正採用選考での違反事例で新潟労働局、県労政雇用課と意見交換会

（「解放新聞中央版」2017年9月11日付）

県同教調査で問題わかる

【新潟】新潟県内で新規高卒者採用にさいして統一応募用紙を使わない民間企業による提出書類違反は79件、公務員では独自の応募書類の提出を求める事例が511件など問題点がうかびあがっている。新潟県同和教育研究協議会（県同教）の進路保障部会が「2016年度「新規高卒者採用選考にかかわる実態調査」と「2016年度「新規高卒者専修学校等入試にかかわるアンケート調査」」を実施し、冊子「就職・進学における差別をなくすために」としてまとめた。

8月24日には、新潟市内で公正採用に向けて県同教と新潟労働局、県労政雇用課との意見交換会をひらき、対策をすすめていくことが確認された。

統一応募用紙を使わない問題のほかに、民間企業の採用面接で本籍2件、家族構成と家族の職業140件、信条・支持政党・購読している新聞・愛読書15件などの不適切な質問がおこなわれていた。

新潟労働局は、事業所への指導・啓発をすすめる考えを示し、具体的に不適切な面接をなくすためリーフレットの配布をおこなう。県労政雇用課は雇用拡大の動きをふまえ中小企業への啓発にとりくむことを明らかにした。

京　都　2017年6月8日～9日

部落解放京都地方共闘会議が公正採用選考の徹底を求めて要請行動

（「解放新聞京都版」2017年7月1日付）

差別のない採用選考を
部落解放共闘が要請行動

部落解放京都地方共闘会議は、6月8日と9日に就職差別撤廃の要請をおこなった。村井一成議長ら4人が京都府、京都労働局、京都経営者協会、京都商工会議所を訪問した。

各機関に対する要請内容は以下の通り。

差別のない採用選考を徹底するために、「統一応募用紙」や「職安法第5条の4」と「大臣指針」を周知徹底すること。個人の能力に関係しない「戸籍謄本」の提出は求めないこと。面接時に「本籍地・出生地・家族構成」や男女差別につながる「未婚・既婚や結婚の予定」などの質問はおこなわないこと。公正な採用選考を徹底するためにも、国および府が実施する研修会へ積極的に参加するよう会員に呼びかけ、差別と人権侵害のない職場をつくるため、会員企業内の人権研修を推《すい》奨《しょう》するように努めること。

2016年に日本労働組合総連合会が調査した「採用選考に関する実態把握のためのアンケート」では、統一応募用紙を使用していない企業が、2008年の調査と比べても減少していないことや、本人の適性・能力判定に必要のない「本籍地」や「家族構成」など記入を求めたケースがあり、差別につながる恐れがあることも指摘した。

村井議長は、各関係機関に対し「本籍地などを書いてほしいという企業がいまだにある。統一応募用紙の使用を周知徹底してほしい。また、人権問題の研修などをおこない、人権意識を高めてほしい」と訴えた。

京都経営者協会に要望書を手渡す

兵 庫　2017年9月5日

兵庫県連、部落解放兵庫県民共闘会議が就職差別撤廃に向け兵庫県と労働局へ要請

（「解放新聞兵庫版」2017年10月5日付）

就職差別撤廃に向け要請

県民共闘と合同で県、労働局へ

県連六役と生活労働運動部は9月5日、部落解放兵庫県民共闘会議と合同で、就職差別撤廃に向け兵庫県、兵庫労働局に要請行動をおこなった。

川原県民共闘会議議長が要望書を渡す

「部落差別解消推進法」施行以降初めてで、①法律についての見解と具体的なとりくみ、②公正採用選考のための関係団体との連携強化や啓発活動、③公正採用選考人権啓発推進員の研修参加率の向上、④「統一応募用紙」違反や面接での差別的な質問など就職差別について関係団体と連携した実態把握・指導強化、⑤県・教育委員会・労働局の連携と、「受験結果報告書」のとりくみの普及・徹底、⑥ハローワークと隣保館が連携して職業相談・就労支援体制を充実させることを要請した。

回答で、県立大学では大学が定める履歴書の使用を徹底していること、今年度の違反総数は22件で、不適切な社用紙使用7件のうち「本籍地」記載1件、「家族構成」の記載5件、「既往症」1件と、昨年より増えたことも報告された。

広　島　2017年6月12日

部落解放広島県共闘会議が就職差別撤廃に向け広島労働局、広島県、県教委へ要望書を提出

（「解放新聞中央版」2017年9月11日付）

不適切質問5件で
広島労働局が指導

【広島支局】部落解放広島県共闘会議は6月12日、就職差別撤廃に向けた要請行動をおこない、「統一応募用紙の趣旨」と「職業安定法第5条の4と大臣指針」の周知徹底などを求める要望書を、広島労働局、広島県、県教委に提出した。

労働局では、県内で昨年、不適切な質問が5件あり、当該企業に指導した報告があった。

高　知　2017年7月5日

高知県連、部落解放県共闘会議、連合高知が就職差別撤廃にむけて高知労働局へ要請行動

（「解放新聞高知版」2017年9月14日付）

就職差別撤廃へ

就職差別の撤廃にむけて7月5日、県連、部落解放県共闘会議、連合高知の三者で高知労働局に要請行動をおこなった。（県連から有澤委員長、山戸書記長、村上書記次長が参加）

労働局への要請行動

はじめに、市川連合高知副事務局長から要請の趣旨説明があり、昨年、連合が採用選考に関するアンケート調査を実施した結果、本人の適正・能力の判定に関係ない「本籍地・出生地」や「家族構成・職業等」を求める。業務遂行に必要としない「健康診断の実施・診断書の提出」がおこなわれている等、差別につながる不適切な採用選考をする会社が少なくないという実態が明らかとなった。「部落差別解消推進法」「職業安定法」や「統一応募用紙」にもとづいて、就職差別をはじめあらゆる差別の撤廃に向けた人権教育・啓発活動を県内の事業所に対して、労働局から指導し徹底していただくよう要請をおこなった。

竹埜労働局・職業安定課長は、「統一応募用紙」の徹底に努めるとともに、面接時に本人の能力・適正に関係ない質問（差別につながるおそれのある14項目）の周知、発生した事業所への指導。健康診断の問題については、県内事業所（3，000所）に公正採用選考に係る（問題を重視し新たな記載をした）依頼文を発出。あわせて公正採用手引きに記載。「部落差別解消推進法」の施行を受けて、内部の所長会等の会議で説明、職員研修をおこなっているとのべた。

山戸県連書記長から、県内事業所の人権啓発推進委員の形骸化（研修参加率の低下）について、背景や今後の対応について質問。竹埜課長から受講率の低下については過去に受講したことがあるからが大半だと思う。対応として3年間受講していない事業所に対して電話・訪問等の具体的な取り組みをしていきたい。また、「部落差別解消推進法」もできたので受講率が上がるよう取り組んでいきたいとのべた。

滋賀 二〇一七年七月一一日

採用選考における不適正質問（滋賀県連調べ）

滋賀県教育委員会は二〇一七年七月一一日に「二〇一六年度新規高校卒業者の就職試験での不適正質問について」を公表した。生徒が受験した企業八五四社のうち三七社で四〇件の不適正質問が行われていた。全体の四・三％の企業で不適正な採用選考が行われたことになる。前年度の六五社七六件からは減少している。しかし、家族構成・状況、住所・本籍地に関する質問の割合が高いという傾向は依然と続いている。不適正質問の内訳は本人に責任のない事項や身元調査につながる「家族構成」「家族の職業」「住所や住所略図」「本籍地・出生地」などが二三件〔五七・五％〕、本来自由であるべき「愛読書」「尊敬する人物」などの事項が一七件〔四二・五％〕となっている。これらの事項は職業安定法第五条の四及び「大臣指針」によって採用選考時において収集してはならない事項であり職業安定法に違反する行為である。

企業・従業員による差別事件

滋賀 二〇一七年三月九日

A市内事業所における差別文書の配布事件

（滋賀県連調べ）

鳥取ループの「復刻　全国部落調査　部落地名総鑑の原点」発行販売事件と関連して、シルバー人材センターの会員が県内の被差別部落の一覧表とB地区〔被差別部落〕、K地区〔在日コリアン〕の芸能人・スポーツ選手、政治家、経済人の一覧表をセットにして印刷し配布するという事件が発生している。

二〇一七年三月九日、正午ごろ、A市内事業所内の喫茶コーナーのテーブルにA3サイズの資料三枚が置いてあり、内一枚が差別文書であった。このため、事業所の職員が回収した。文書内容は、B地区出身の有名人として、政治・芸能・スポーツ・実業界の一部として四四名の氏名を表にして掲載し、表の下に「その他　おおぜい　活躍中！」と記載。また、滋賀県内の同和地区データとして、鳥取ループのインターネットデータを加工、市町村ごとに地名・戸数・人口を表にまとめていた。さらに、K地区の有名人として、「日本の芸能人・スポーツ界などで活躍している人の多くは在日韓国人」として、芸能・歌手・俳優・タレント、スポーツ、実業家を表にまとめて記載していた。

結婚にかかわる差別事件

徳島　二〇一六年

徳島市での結婚差別事件

（徳島県連調べ）

徳島市では、二〇一六年、被差別部落出身の女性が徳島市在住の男性と結婚するにあたり、家族から釣書を用意するように言われ、被差別部落出身であることを明かすことを余儀なくされ、親をはじめとする親族に反対され結婚を断念するという結婚差別事件が発生している。「釣書」が結婚差別を助長する大きな原因であることが証明された差別事件ととらえ、被差別部落出身者にとって多大な不利益を被ることを改めて問いかけなければならない事件であり、これまで解放運動が取り組んできた「釣書」廃止運動を強化しなければなりません。この事件については、差別を受けた女性から徳島県連に報告・相談があり発覚した事案であり、本人から徳島法務局、県連からは徳島県・徳島市に連絡をし差別意識の払拭に取り組んでいるところである。女性は「同和地区学習会」で部落差別について学んだ世代であり、部落差別の現状を放置することはできないとの意識で自ら立ち上がり県連に報告してくれた。学習会での学びがなければ表面に出ていたかは疑問が残るところである。被差別の立場としての部落問題学習の必要性が浮き彫りにされたともいえるのではないか。結婚差別については表面に出てくるのは氷山の一角であり、結婚を諦めざるを得ない状況もある。部落差別解消推進法に明記があるように相談体制を充実し結婚差別の根絶に向けた取り組みを強化しなければならない。

熊本　二〇一七年八月

A市役所へ部落問い合わせ

（熊本県連調べ）

二〇一七年八月、A市役所に「〇〇に同和地区があるか詳しく知りたい。」という電話がかかってきた。子どもの結婚相手の出身がもしかしたら部落ではないかと心配になり役所に問い合わせの電話を行ったというもの。

教育現場における差別事件

京都　二〇一七年六月八日

京都大学図書館差別書き込み事件

（京都府連調べ）

京都大学にはいくつかの図書館があるが、吉田南総合図書館の蔵書に差別書き込みがあるのが見つかった。二〇一七年六月八日、利用者から、借りている本に差別落書きと思われる書き込みがある、との申し出があり、判明したものである。著者を「ぶらく↓死ね」などと鉛筆で書き込んでいた。

図書館ではまず、当該図書を事務室内の金庫で保管、関係者が確認後、落書を消しゴムで消去し、跡が残る場合は買い替えることを決めた。京大人権委員会への報告は、六月一四日に委員全員へメールでおこなわれた。また同日、大学として、告示を公用掲示板に掲出し、大学のホームページにも掲載、全部局等にも送付し、教職員及び学生に注意喚起と周知徹底をはかった。また、当該図書館内にも警告文が貼り出された。京都府連には、六月一三日に大学本部の総務課から連絡が入り、経過報告や写真データなどの提供を要請、二七日にメールで届いた。

高知　二〇一六年六月

県内の高等学校で授業中に生徒による差別発言

（高知県連調べ）

県内の高等学校で、二〇一六年六月、授業中に生徒Bが指を四本示す差別的な表現をし、「自分はこれと高知のハーフ」と発言した。パソコンの入力を練習していた際、生徒Cが「ぼくはエタやき打てない」と発言した。

高知　二〇一六年一二月

県内の小学校で児童による差別発言

（高知県連調べ）

県内の小学校で、二〇一六年一二月、放課後学習において、支援員と児童とでマラソン大会の練習コースについて話をしていたところ、児童が「川から南は部落で」と発言した。

高知　二〇一六年一二月

県内の中学校で生徒による差別発言

（高知県連調べ）

県内の中学校で、二〇一六年一二月、保健室にいる生徒に、教員が教室に行くように声をかけた際、生徒Aが「うるさい、死ね、エタ」と発言した。

・保健室で生徒AとBが話しているなかで、教諭が「エタ」という言葉を聞く。その後、別の時間に窓から保健室に入ってきた生徒Aを注意した教諭に対し、生徒Aが「うるさい、エタ」と発言した。

・保健室で生徒の「エタ」という発言を聞いた日の終学活の時間に、同生徒が教諭に対し「エタ」と発言した。

高知　二〇一七年二月

県内の中学校で生徒による差別発言

（高知県連調べ）

県内の中学校で、二〇一七年二月、授業中、席についていないことを教員から注意された際、生徒が「だまれエタ」と発言した。

宗教界における差別事件

全　国　2018年3月29日

「旃陀羅」差別問題で浄土真宗本願寺派と第6回協議

（「解放新聞中央版」2018年4月30日付）

第6回協議で 学びを深めていく

浄土真宗本願寺派

「旃陀羅」差別問題

【広島支局】真宗教団が根本経典とする『観無量寿経』に刻まれた「旃陀羅」差別について、教団をあげてとりくみをはじめている真宗大谷派に続いて浄土真宗本願寺派が動きはじめた。だが、教学上で明らかにしなければならない課題も多く、現実の部落差別（人権問題）と真剣に向きあう教団になれるのか、期待と不安が交錯している。

この課題を究明するための第6回協議が3月29日、京都市・西本願寺同朋センターでおこなわれ、浄土真宗本願寺派、中央本部、広島県連の関係者が出席した。

冒頭にあいさつした川﨑卓志・県連委員長は、山階昭雄・総務が3月16日、広島県福山市を訪れ、小森龍邦・県連顧問に示した①「旃陀羅」問題のテキストを作成し、すべての教区と全国５２３の組などを対象に宗門全体で学びを深めていく②大谷派と連携して真宗連合に提起し全日本仏教会にも広げていく③部落解放同盟との協力関係をつくっていく、との方向性や決意にたいし、「広島県連として評価したい」とした。

そのうえで浄土真宗本願寺派が過去5回の協議内容をまとめた「第6回教学に関する学習会における回答」については、「極めて不十分」と指摘した。

差別事件をはじめ、女性差別、障害者差別など、さまざまな問題が議論にあがったが、とくに「旃陀羅」をめぐっては、①僧侶のなかに浸透していた深刻な「旃陀羅」差別の受けとめ（安芸教区の寺院で見つかった１９０８年の「檀家千六百三戸　内七拾二戸旃陀羅」の記述）②経典『観経』ができたいわれと日本に伝わった経緯をどう考えるか③「回答」で「親鸞聖人が「阿闍世に投げかけられた「旃陀羅」の言葉こそは、自己自身に投げかけられた言葉と受け止められた」としていることは解釈に無理があり、「旃陀羅」差別の肯定となる④「旃陀羅は日本の穢多のこと」と説いてきたことは部落差別のみならずインドの被差別カーストへの差別であり、人間平等の希望を見出して仏教に集団改宗した人たちの前で『観経』が読めるのか、など指摘した。

山階総務は「10年、20年後の僧侶養成を視野に、一部のみではなく全宗門あげて学びを深めていく、そのためのカリキュラム、プロジェクトをつくりたい」とのべた。

差別性語れる僧侶をつくることが課題に

小森顧問は「評価する。ぜひ実行してほしい」とのべた。最後に西島書記長が「お経（「旃陀羅」部分）を読まない、差別性を語れる僧侶をどれほどつくっていくかが課題。補註の改訂版もこれを機にやってほしい。中央本部としてはそれぞれの都府県連で学習し、各教区と協議の場をつくっていきたい」とまとめた。

広　島　2018年2月7日

浄土真宗本願寺派安芸教区が『観経』の「是旃陀羅」削除・不拝読を提言

（「解放新聞中央版」2018年4月23日付）

安芸教区が提言

「是旃陀羅」は削除・不拝読に

第89回同朋三者懇談会で

【広島支局】浄土真宗本願寺派安芸教区が2月7日、福山市・人権交流センターでひらかれた第89回同朋三者懇話会で、「旃陀羅」問題について発表した。三者懇話会は安芸教区、備後教区と広島県連で構成している。

安芸教区は、①身分差別を示す語を否定的（差別的文脈）に使用している『観経』は差別経典である②親鸞聖人でさえ克服できなかった時代の制約を感じる③親鸞聖人は差別表現については被差別者と同一の地平に立たれたとはいえないが、それにもかかわらず「具縛の凡愚・屠沽の下類」が「われら」であるとの立場にいたられた、とした。

また、④前記考察を、宗派、真宗各派のみならず、世界に広く問う⑤「汚刹利種」（王族の名を汚す）「是旃陀羅」（母親殺しは）「旃陀羅」（インド・アウトカースト「日本の穢多・非人」のやること）を削除して空白として残し、「われら（不簡）」という本願の精神にもとづく本山（門主）・宗派（宗務総長）の真摯な慚愧を表明し、削除した文言の「解説」をふくむ削除理由を明記する⑥法要での「汚刹利種」「是旃陀羅」の不拝読、を提言した。

提言を受けての議論では、「是旃陀羅」がなくても『観経』の価値はおちない、本願のなかに女人、根欠は出てくるが「旃陀羅」は出てこない。これをどう受けとめるのか、などの意見が出された。

福　井 2017年9月14日

曹洞宗が被差別戒名物故者追善供養法会

（「解放新聞中央版」2017年9月25日付）

読経のなか部落解放同盟からの参列者と僧侶が焼香した（9月14日・福井県）

差別戒名の改正を報告

永平寺で追善供養法会

福井県の曹洞宗大本山・永平寺法堂で9月14日、福山諦法・永平寺貫首が導師をつとめ、曹洞宗被差別戒名物故者追善供養法会が営まれた。部落解放同盟からは組坂委員長、坂本副委員長や地元福井県連の山下委員長など、10都県連23人が参列した。

福山貫首は「今日ここ永平寺にたくさんの方が来て下さり共に哀悼の誠をささげさせていただいた。お釈迦さまも私達の供養の姿をご覧になり必ずや慈しみの眸（ひとみ）でお守り下さりそのお力をお貸し下さるだろう」と供養の言葉をのべ、読経のなか参列者による焼香がおこなわれた。

法要後、永平寺監院の小林昌道・人権擁護推進室室長が「間違った戒名をつけるというあるまじき行為を反省し、いまなおある差別の解消にとりくむ決意を新たにしている。鋭敏な人権意識を備えた修行者を育成すべく人権教育にとりくんでいる」と主催者あいさつ。釜田隆文・曹洞宗宗務総長が「第3回世界平和会議での「日本に部落差別はない」との差別発言事件から部落差別をはじめあらゆる差別の解消にとりくんで38年が経過したが、宗門全体に徹底していない現状がある。差別戒名の放置は僧侶としての社会的責任の放棄。5月に長野県の1か寺で差別戒名墓石の改正と追善法要をつとめた。年内にもう1か寺で改正を予定」と報告。組坂委員長は「障害者差別解消法」「ヘイトスピーチ解消法」に続いて「部落差別解消推進法」ができたのは、曹洞宗をはじめとした宗教教団の活動の礎があってこそ」と感謝をのべ、ネット上など差別の現状と「推進法」具体化に向けた協力を要請した。

和歌山 2017年5月7日

高野山真言宗が萬民平等差別戒名追善法会

（「解放新聞中央版」2017年5月29日付）

▲参列者を代表し、あいさつする
坂本副委員長（5月7日・和歌山）

心かよったとりくみを
高野山が差別戒名法会

高野山真言宗は5月7日午前、和歌山県高野町の高野山大伽藍金堂で34回目となる萬民平等差別戒名追善法会を中西啓寶・高野山真言宗管長・総本山金剛峯寺座主を導師におこなった。廻向文は佐々木基文・社会人権局長が読みあげた。添田隆昭・宗務総長の宗団代表あいさつに続き、部落解放同盟からは坂本副委員長が参列者を代表し、あいさつ。差別は社会悪とした「部落差別解消推進法」に魂をいれる運動に励んでいくと訴え、心のかよったとりくみを今後も続けたいとのべた。法会には、中央本部、和歌山県連、部落解放・人権研究所、和歌山人権研究所などの代表が出席した。

長野 二〇一六年一二月～

善光寺大勧進小松貫主差別発言事件

（長野県連調べ）

二〇一六年一二月、長野県連に相談に訪れた女性二名の告発により明らかになった、善光寺大勧進小松貫主による部落差別発言、セクハラ、パワハラ事件では、小松貫主は三回にわたる確認会の出席を直前拒否するなど、まったく誠意を示さない言動に始終してきた。

二〇一七年一二月には天台宗本庁に対して、辞意表明しながら、二〇一八年三月八日辞任撤回し、三月九日の記者会見では「大勧進内の業務が乱れており、正常化することが私の大役。天台宗務総長宛に辞任撤回の文書を送った。一部の人間が行っている人権無視に耐えられず、差別発言やセクハラをしたと根拠のないデマ、中傷誹謗を流された。何の権限もない関係者によって善光寺の業務を禁止された」として、業務妨害・強要の疑いで、一山会議一一名と総代会を相手に長野地検に告訴状を提出した。辞任撤回について、二〇一七年一二月、天台宗宗務総長からの辞任要請について「むげに断るのもよくないから、辞任届を出したが本位ではなかった」としている。

我々は、辞任要求が本意ではなく、あくまで小松貫主の差別言動の真相を明らかにすることが使命であり、小松貫主が辞任したとしても追及を緩めることはない。中央本部の指導のもと今後も粘り強く取り組みを進める。

マスコミ・出版界における差別事件

全国　2018年2月5日

中央本部が新潮社発行『路地の子』で話し合い

（「解放新聞中央版」2018年2月26日付）

差別性などを指摘
取材の不十分性など認める

『路地の子』で話し合い

　新潮社発行の『路地の子』のなかの事実誤認と、その差別性について、著者の上原善広さん、新潮社ノンフィクション編集部の担当者との話し合いを、2月5日午後、東京・中央本部でもった。中央本部から赤井広報教宣部長（中央財務委員長）、大西副部長（中執）が出席、解放出版社の高野事務局長も同席した。

　話し合いでは、赤井部長から、昨年12月29日付で送付している「抗議と申し入れ」の趣旨と内容について、あらためて説明。新潮社と上原さんから、事前に送付されている回答書のなかで、とくに、大阪府連松原支部の結成年や支部名称を更池支部などとした事実誤認については、増刷の際に訂正するとしたうえで、あくまでも同和利権をめぐる作品ではなく、部落差別を助長するものではないことが強調された。

　しかし、当時の企業融資制度が無利子でおこなわれていたり、輸入肉の手数料が「更池支部」に支払われていたりなど、事実無根の記載があり、こうしたことが、同和利権として描かれることで、部落差別を拡大していると厳しく指摘。上田卓三・元中央執行委員長や大阪府中小企業連合会の記述も明白に間違いで、名誉毀損にあたると抗議した。

　上原さんは、事実誤認、取材の不十分性は認めたものの、地元の風聞として聞いてきたし、こうした社会的な差別意識をもとにしたこと、結果として事実誤認であっても、それに「寄り添うような」表現をすることによって、部落問題への関心をもってもらう入口にしたいと主張。登場人物をふくめて、事実でないことを描くなら、「怒濤のノンフィクション」という宣伝帯はふさわしくないという指摘に、新潮社の担当者は「文芸的ノンフィクション」として取り扱っていると回答。

　しかし、上原さんが、被差別部落のなかの父子の物語として描いているにしても、それをとりまく部落の実態が誤った内容で書かれ、そのことが事実でもなく風聞される部落差別に根拠を与えていることは間違いなく、物語の舞台となった更池地区や部落解放運動に関する記述の誤りが、「身内の書きたくないことまで書いた」という上原さんの作品そのものの質を低めることにならないか、などと問いかけたが、話し合いはかみ合わないままで、今後も、話し合いの機会をもつこととした。

　なお、新潮社にたいしては、回答書が著者の上原さんまかせの内容が多く、出版社として無責任であることを追及、まずは事実誤認の訂正に責任をもつことを要請。訂正文の差し込みだけでなく、最大限、読者に向けた措置をとり、その内容を文書で回答することを確認した。

東 京　2017年9月9日～10月20日

墨田区がすみだ北斎美術館企画展で古地図「名古屋城下図」に解説文を作成し展示

（「解放新聞中央版」2017年11月20日付）

差別解消の姿勢表明

墨田区が美術館企画展の古地図で

【東京支局】墨田区・すみだ北斎美術館で9月9日から10月20日までひらかれた企画展「大ダルマ制作200年記念 パフォーマー☆北斎～江戸と名古屋を駆ける～」で、古地図「名古屋城下図」（江戸時代の手書き絵図）に被差別部落を「穢多」と表記しているものがあり、墨田区が解説文を作成し展示をおこなった。

この展示では、部落解放同盟をはじめ関係団体と相談しながら、墨田区が新たな解説文を作成しており、都連は積極的に差別解消に努める墨田区の姿勢を高く評価している。

古地図につけられた解説文は、「本資料には、歴史的な記録をそのまま用いるため、一部に「穢多」との記載があります。江戸時代において、えた、ひにん等と呼ばれていた人々は、武具、馬具や多くの生活用品に必要な皮革を作る仕事や、地域の警備を行うなど生活に欠かせない役割を担っていましたが、生活のすべての面で厳しい制限を受け、差別されていました」と歴史と仕事を紹介。

そのうえで「明治4年（1871年）に「解放令」が政府から出され、身分制度は撤廃されることになりましたが、社会的な差別はさまざまな形で続き、「えた、ひにん」等の語は、同和地区（被差別部落）の人々を差別する言葉として使われることがあり、当該地区やその住民に対する偏見や差別を助長する恐れがあります」と問題点を強調。

そして「墨田区は、人権尊重の普及啓発に積極的に取り組み、あらゆる差別の解消に努めております。作品は貴重な記録として展示しており、これらの表現を肯定・容認するものではありません。以上のことを御理解の上、御覧いただきますようお願いいたします」と区行政の立場を明らかにした。

全国 **二〇一七年九月二五日**

朝日新聞社「withnews」九月二五日付配信記事における差別表現

（中央本部調べ）

朝日新聞社が運営する「withnews」において、電通社員過労死事件を取りあげた九月二五日付配信記事文中で、取材対象者の発言として、「昔の広告会社は、『士農工商代理店』と三流扱いされていました」という内容が掲載された。「士農工商〇〇」という表現は、「士農工商エタ非人」という身分差別をあらわす差別表現をもとにして、エタ非人と同じような差別をされて当然の存在であるという差別的比喩として用いられるものである。今回の掲載記事は、取材対象者の発言とはいえ、広告会社の業務内容のきつさや辛さ、また広告業界の社会的評価が低かったことを際立たせるために、部落差別につながる表現を用いたものであり、こうした発言を何等再考することなく掲載することは、部落問題解決に取り組んできた立場から、到底看過できない問題であるとして、部落解放同盟中央本部は、一〇月一一日に、朝日新聞社に対して、抗議するとともに、一連の経過と見解について文書で明らかにし、話し合いの場を持つよう要請した。

今回は、該当箇所について速やかに修正の対応がとられたが、デジタル配信という性質や、YAHOO！ニュースにおいてもトピックス（トップページの見出し付き）として紹介されていたことを踏まえるならば、運営会社としての責任は重大である。

山口 二〇一八年三月

山口県史「通史編　近代」における差別記載事件

（山口県連調べ）

山口県は二〇一八年三月、『山口県史』の「通史編　近代」に部落差別を助長する記載があったとして、一四〇〇冊すべてを回収し、表現を修正し刷り直した『県史』を再配布した（県内の学校・図書館等一二〇〇冊、個人販売二〇〇冊）。

「通史編　近代」の県内の米騒動をめぐる表に、「萩町八月一五日午後九時頃　特殊部落民約二〇〇名、富豪を襲撃の風説。所長が探知、解散させる」と記載されていた。執筆者が部落出身者を表現する際に、差別語である「特殊部落民」という言葉を使用していた。

また、同表には「山口町　八月一三日　A部落で米屋襲撃との不穏な動き。警察署、米商を召喚、暴利への警告」（Aは名称）と、被差別部落の地名をそのまま掲載していた。他では地域が特定できる具体的地名は書いていないのに、A部落だけが地域名が記載されていた。問題発覚後のヒアリングから執筆者は、A部落が被差別部落であることを認識していた上で書いていたことが分かった。現在もなお部落差別が現存しているという認識がなく、配慮することもなく被差別部落の所在地を掲載していたことが明らかになった。

「特殊部落民」という言葉は、全国水平社創立以来、被差別部落民に対する明確な差別語として糾弾してきた言葉である。資料の引用や原文のままに使用する訳でもなく、何らの説明もなく鉤括弧もなく、使用されていた。

これまで発刊された『山口県史』では、部落問題に関わる記述がある場合は、解放同盟や関係団体への相談・確認があった。今回の「通史編　近代」は県連への確認もなかった。さらに、編集段階で、編さん委員、県史事務局なども何度もチェックしていたが、誰からも指摘がなかった。

二〇一七年六月、県内の学校教員からの指摘で問題が発覚した。山口県連としても問題点を指摘し、掲載に至った経過や原因・背景、再発防止に向けて山口県と協議をしてきた。山口県は「同和問題に対する配慮を著しく欠いており、適切でなかったと認識している」として、「特殊部落民」を「被差別部落民」、「A部落」を「一部落」に修正した。問題発覚後の検証作業の中で、出典の誤りや校正見落としなどの二八カ所のミスも見つかり、すべて修正し刷り直しをおこなった。

今回の事件は、「特措法」失効後の県行政の同和問題解決に向けた取り組みの後退が背景にある。たとえ執筆者が差別表記をしたとしても、県史編さん室の事務局でチェックが入れば、校正が可能であった。また、以前のように県連への相談・確認をおこなっていれば、問題に気づけて修正が可能であった。今後、「部落差別解消推進法」を踏まえ、部落差別解消に向けた『山口県史』の発刊につながるように求めていく。

エセ同和事件

滋　賀　2017年9月13日

2017年度「えせ同和行為防止滋賀県民会議」総会を開催

（「解放新聞滋賀版」2017年10月9日付）

9/13 「えせ同和行為防止滋賀県民会議」総会を開催!!

関係機関団体の代表38人が参加!!

9月《がつ》13日《にちご》午後《ご》3時《じ》から2017年度《ねんど》「えせ同和行為防止滋賀県民会議《どうわこういぼうししがけんみんかいぎ》」（「県民会議《けんみんかいぎ》」）総会《そうかい》が大津市《おおつし》の県立武道館大会議室《けんりつぶどうかんだいかいぎしつ》で開催《かいさい》され関係機関団体《かんけいきかんだんたい》の代表《だいひょう》38人《にん》が参加《さんか》した。

「えせ同和《どうわ》」行為《こうい》とは、部落問題《ぶらくもんだい》は「怖《こわ》い問題《もんだい》」「やっかいな問題《もんだい》」などという偏見《へんけん》や差別意《さべつい》識《しき》に乗《じょう》じて不当《ふとう》な利得《りとく》を得《え》ようとする行為《こうい》である。この事《こと》から「えせ同和問題《どうわもんだい》」は2重《じゅう》の差別《さべつ》的行為《てきこうい》である。

「えせ同和《どうわ》」行為《こうい》を防止《ぼうし》するためには部落問題《ぶらくもんだい》について研修《けんしゅう》・学習《がくしゅう》を深《ふか》めることと同時《どうじ》に部落《ぶらく》問題《もんだい》の解決《かいけつ》に向《む》けて取《と》り組《く》んでいる機関《きかん》・団体《だんたい》との連携《れんけい》を深《ふか》めることが重要《じゅうよう》である。

この事《こと》を具体化《ぐたいか》するために2009年《ねん》11月《がつ》、各界各層《かくかいかくそう》の機関《きかん》・団体《だんたい》によって「えせ同和行為《どうわこうい》防止滋賀県民会議《ぼうししがけんみんかいぎ》」が結成《けっせい》された。結成《けっせい》から8年《ねん》が経過《けいか》する中《なか》で「えせ同和行為《どうわこうい》」の通報《つうほう》システムが機能《きのう》して県内《けんない》での「えせ同和行為《どうわこうい》」は減少傾向《げんしょうけいこう》にある。

しかし、皆無《かいむ》になったわけではない。昨年《さくねん》「部落差別解消推進法《ぶらくさべつかいしょうすいしんほう》」が、施行《しこう》したことにより「部落差別解消推進法《ぶらくさべつかいしょうすいしんほう》」を口実《こうじつ》に「えせ同和行為《どうわこうい》」が多発《たはつ》する可能性《かのうせい》もある。「えせ同和行為《どうわこうい》」防《ぼう》止《し》のネットワークを強化《きょうか》すると共《とも》に「部落差別解消推進法《ぶらくさべつかいしょうすいしんほう》」についての研修《けんしゅう》を進《すす》めていこう!!

「県民会議総会」は主催者を代表して三輪真也・県民生活部管理監（人権・同和担当）が「同和問題の解決を阻害するえせ同和行為を防止するため2009年11月に「県民会議」を設立し活動を進めてきた。活動の内容としてえせ同和行為に関する相談やえせ同和行為に関する情報提供を行い未然防止に努めてきた。取組の成果として県内においてえせ同和行為は減少してきている。しかし、完全になくなったとは言えない。昨年、「部落差別解消推進法」が施行された。この法律を口実としたえせ同和行為が多発する可能性も考えられる。この事から関係機関団体との連携・情報交換を密にして「県民会議」の活動を強化しえせ同和行為を防止していこう。」と挨拶を行った。

その後、事務局から「県民会議」の設立経過や趣旨について説明。また、西嶋栄治・副知事を代表とする2017年度役員体制も報告され全体で承認された。

全国・県内でのえせ同和行為の発生状況についても事務局から報告された。近年の傾向として、同和問題に関する高額書籍を販売するという「えせ同和行為」を行ってきた団体が「北方領土・人権関係」と称した高額書籍を行政の出先機関（市民センター、体育館等）に直接電話して購入を要求するというように変化している。

最後に、参加者全員でえせ同和防止にむけた啓発ビデオを視聴して学習を深めた。

◆県に情報提供があった「えせ同和行為」一覧（平成28年度）

発生年月	受信者	行為者が名乗った名称	要　求　概　要　▶　受信者の対応
H28.10	○○市上下水道課	経済政策研究会	上下水道課職員に対して、電話をかけ北方領土関連書籍の購入を要請した。▶「購入の必要はない」と購入を断った。
H28.11	○○町上下水道課	経政会	上下水道課に電話があり、北方領土関連の書籍購入を要請した。▶「お断りします。」と言って購入を断ったら電話を切られた。
H29．1	○○町議会事務局	ケイセイ会	議会事務局職員に対して、電話をかけ、北方領土・人権関連の書籍の購入を要請した。▶「お断りします。」と言って購入を断ったら、「はい、わかりました。」と返答され、電話を切られた。
H29．2	○○市公共施設	経済政策研究会（ケイセイ会）	○○市の公共施設の長に対して電話をかけ、北方領土・人権関連の書籍の購入を要請した。▶「人権問題解決には職場・市組織で取り組んでおり、ご案内の書籍は必要ありません。」と言って購入を断ったところ、「はい、わかりました。」と返答をされ、電話を切られた。
H29．2	○○市総合体育館	ケイセイ会	○○市総合体育館の館長に対して電話をかけ、１冊４万円の北方領土・人権関連書籍の購入を要請した。▶「辞退します。」と言って購入を断ったところ、電話を切られた。
H29．2	○○地域市民センター	不明	○○地域市民センター課長宛てに名指しで電話をかけ、１冊４万円の北方領土・人権関連書籍の購入を要請した。▶「必要ありません。」と言って購入を断ったところ、相手方が電話を切った。
H29．2	○○地域市民センター	ケイセイカイ	○○地域市民センター課長宛てに名指しで電話をかけ、１冊４万円の北方領土・人権関連書籍の購入を要請した。▶「趣旨は理解できますが、要望にお応えできません。」と断ったところ、「そうですか、残念です。」と相手方が電話を切った。

○注　えせ同和の疑いのある案件を含む（全件、北方領土が切口となっている。）

奈　良　2018年2月1日

「エセ同和高額図書お断り110番連絡ネットワーク」第17回総会を開催

（「解放新聞奈良県版」2018年3月25日付）

エセ同和行為・詐欺行為の撲滅を

「エセ同和高額図書お断り110番連絡ネットワーク」総会

「エセ同和高額図書お断り110番連絡ネットワーク」第17回総会が2月1日、県人権センターで開かれ、同ネットワーク構成団体の代表ら50人が出席。エセ同和行為をはじめとし、さまざまな詐欺行為の撲滅にむけてネットワークを強化していくことを確認した。

冒頭、川口同ネットワーク代表(県連委員長)が「今日エセ同和行為は減少してきているが、様々な展開で詐欺行為が行われている状況がある。そういった行為の是正、克服に向け、ネットワークに結集し連帯の輪を強めあっていただきたい」とあいさつした。

続いて、エセ同和行為として昨年2月からの1年間に、同ネットワーク事務局に寄せられた事例について報告が行われ、昨年の報告件数が0件であったことが報告された。

また、奈良県消費生活センターから、昨年4月から12月までに同生活センター及び中南和相談所に寄せられた高額図書等に係わる相談受付件数が報告され、エセ同和行為と確認できる事例はないが、高額図書類及び業界新聞等に関する相談受付件数が5件あったこと、併せて、平成29年度上半期に同センターに寄せられた消費生活相談が2151件あり、60歳以上の割合が35・7%を占めること、高齢者が訪問販売や電話勧誘によりトラブル巻きこまれていること、また、「架空請求はがき」に関するトラブルが急増していることなどが語られ、同センター上中所長は「何かおかしい・怪しいと感じたら一人で悩まないで相談を」と呼びかけた。

その後、各団体における取り組み状況が報告された。

閉会あいさつを桝田・県くらし創造部長が行い、「エセ同和行為の報告件数は0件であったが、悪質な詐欺行為が発生している。スクラムを組み一貫して取り組むことが大事だ。一層の取り組みをお願いしたい」と訴えた。

同ネットワークには、県連をはじめ県や啓発連協、奈良地方法務局、県内の教育・商工・経営など現在29団体が加盟し、連携をとりながら、啓発や相談活動に取り組んでいる。

香川　2017年12月25日

2017年度「えせ同和行為対策研究会」全体会を開催

（「解放新聞香川版」2018年2月10日付）

泣き寝入りせず、毅然とした対応を！

えせ同和行為対策研究会

▶県警の松下課長補佐による講演会のようす。

十二月二十五日、人権啓発センターにおいて二〇一七年度「えせ同和行為対策研究会」全体会がひらかれ、県内各自治体から担当者があつまった。

研究会顧問の和泉義博・委員長のメッセージを岡田真悟・県連執行委員が代読した。

全体会に先立ち、記念講演として香川県警察本部組織犯罪対策課の松下周平・課長補佐を講師に招き、『反社会的集団への対応等について』と題し、ビデオ上映をふくめ研修をおこなった。

その中で、香川におけるえせ同和行為では近年、部落解放同盟を名乗る男が、書物などの購入を必要に強要し逮捕された事件を紹介。公判で、書籍などの売り上げを反社会的集団の資金源として上納していたとの証言もあったとの報告がなされた。松下課長補佐は、「泣き寝入りせず、毅然とした対応、録音、録画などを証拠として訴えることも可能だ」として、県民や企業へ啓発してほしいと語った。

全体会では、活動報告として県内のえせ同和行為、関連行為の発生状況が出され、各自治体からは、独自のとりくみなどが報告された。

関係資料

資料①

部落差別の解消の推進に関する法律

（二〇一六年一二月一六日公布・施行　二〇一六年法律一〇九号）

（目的）

第一条　この法律は、現在もなお部落差別が存在するとともに、情報化の進展に伴って部落差別に関する状況の変化が生じていることを踏まえ、全ての国民に基本的人権の享有を保障する日本国憲法の理念にのっとり、部落差別は許されないものであるとの認識の下にこれを解消することが重要な課題であることに鑑み、部落差別の解消に関し、基本理念を定め、並びに国及び地方公共団体の責務を明らかにするとともに、相談体制の充実等について定めることにより、部落差別の解消を推進し、もって部落差別のない社会を実現することを目的とする。

（基本理念）

第二条　部落差別の解消に関する施策は、全ての国民が等しく基本的人権を享有するかけがえのない個人として尊重されるものであるとの理念にのっとり、部落差別を解消する必要性に対する国民一人一人の理解を深めるよう努めることにより、部落差別のない社会を実現することを旨として、行われなければならない。

（国及び地方公共団体の責務）

第三条　国は、前条の基本理念にのっとり、部落差別の解消に関する施策を講ずるとともに、地方公共団体が講ずる部落差別の解消に関する施策を推進するために必要な情報の提供、指導及び助言を行う責務を有する。

2　地方公共団体は、前条の基本理念にのっとり、部落差別の解消に関し、国との適切な役割分担を踏まえて、国及び他の地方公共団体との連携を図りつつ、その地域の実情に応じた施策を講ずるよう努めるものとする。

（相談体制の充実）

第四条　国は、部落差別に関する相談に的確に応ずるための体制の充実を図るものとする。

2　地方公共団体は、国との適切な役割分担を踏まえて、その地域の実情に応じ、部落差別に関する相談に的確に応ずるための体制の充実を図るよう努めるものとする。

（教育及び啓発）

第五条　国は、部落差別を解消するため、必要な教育及び啓発を行うものとする。

2　地方公共団体は、国との適切な役割分担を踏まえて、その地域の実情に応じ、部落差別を解消するため、必要な教育及び啓発を行うよう努めるものとする。

（部落差別の実態に係る調査）

第六条　国は、部落差別の解消に関する施策の実施に資するため、地方公共団体の協力を得て、部落差別の実態に係る調査を行うものとする。

附　則

この法律は、公布の日から施行する。

部落差別の解消の推進に関する法律案に対する附帯決議

（二〇一六年一一月一六日　衆議院法務委員会）

政府は、本法に基づく部落差別の解消に関する施策について、世代間の理解の差や地域社会の実情を広く踏まえたものとなるよう留意するとともに、本法の目的である部落差別の解消の推進による部落差別のない社会の実現に向けて、適正かつ丁寧な運用に努めること。

部落差別の解消の推進に関する法律案に対する附帯決議

（二〇一六年一二月八日　参議院法務委員会）

国及び地方公共団体は、本法に基づく部落差別の解消に関する施策を実施するに当たり、地域社会の実情を踏まえつつ、次の事項について格段の配慮をすべきである。

一　部落差別のない社会の実現に向けては、部落差別を解消する必要性に対する国民の理解を深めるよう努めることはもとより、過去の民間運動団体の行き過ぎた言動等、部落差別の解消を阻害していた要因を踏まえ、これに対する対策を講ずることも併せて、総合的に施策を実施すること。

二　教育及び啓発を実施するに当たっては、当該教育及び啓発により新たな差別を生むことがないように留意しつつ、それが真に部落差別の解消に資するものとなるよう、その内容、手法等に配慮すること。

三　国は、部落差別の解消に関する施策の実施に資するための部落差別の実態に係る調査を実施するに当たっては、当該調査により新たな差別を生むことがないように留意しつつ、それが真に部落差別の解消に資するものとなるよう、その内容、手法等について慎重に検討すること。

〔高知県〕

〔福岡県〕

〔大分県〕

〔熊本県〕

都府県別索引

全国のあいつぐ差別事件　二〇一八年度版

2018年11月20日　初版第1刷発行

編集・発行　部落解放・人権政策確立要求
中央実行委員会
東京都中央区入船1-7-1
TEL03(6280)3360
大阪市港区波除4-1-37 HRCビル3階
TEL06(6581)8720

発売元　㈱解放出版社
大阪市港区波除4-1-37 HRCビル3階
http://www.kaihou-s.com
振替　00900-4-75417　TEL06(6581)8542
東京営業所　TEL03(5213)4771
東京都千代田区神田神保町2-23 アセンド神保町3階

印刷　㈱福島印刷

ISBN978-4-7592-1478-9／NDC361.86　181P　21cm
定価はカバーに表示